Der Situationsansatz in der Kita

Pädagogische Ansätze auf einen Blick

Der Situationsansatz in der Kita

Daniela Kobelt Neuhaus
Katrin Macha
Ludger Pesch

Der Situationsansatz
in der Kita

HERDER

FREIBURG · BASEL · WIEN

© Verlag Herder GmbH, Freiburg im Breisgau 2018

Alle Rechte vorbehalten
www.herder.de

Umschlaggestaltung: SchwarzwaldMädel, Simonswald
Umschlagfoto: Hartmut W. Schmidt, Freiburg
Fotos im Innenteil: Stefanie Kösling, Frankfurt (S. 7)
Harald Neumann, Freiburg (S. 9, 15, 44, 70)
Satz und Gestaltung: Claudia Wild, Konstanz

Herstellung: Graspo CZ, Zlín
Printed in the Czech Republic

ISBN (Print) 978-3-451-37677-1
ISBN E-Book (PDF) 978-3-451-81076-3

Inhalt

Einleitung

Auf die „Erfindung" des Situationsansatzes in den 1970er-Jahren folgten bisher mehrere Jahrzehnte der Anwendung, Weiterentwicklung und Evaluation. In diesem Buch können Sie als Leser/-in seine Geschichte und Bedeutung für die aktuelle Pädagogik nachvollziehen. Dieses Buch ist Resultat und Ausdruck einer kontinuierlichen Diskussion von Expertinnen und Experten aus dem Institut für den Situationsansatz, aus der Lehre und vor allem aus der Praxis.

Der Situationsansatz entwickelt sich stetig weiter und kann nicht bloß programmatisch angewendet werden. Doch auch in der heutigen Praxis sind die grundlegenden Prinzipien der ersten Stunde sichtbar. Dazu gehören die „Orientierung an Schlüsselsituationen, die Verknüpfung von sozialem und sachbezogenem Lernen, die Beteiligung von Eltern und anderen Erwachsenen als Experten, die Anerkennung des eigenständigen Anregungsmilieus in der altersgemischten Kindergruppe" (Preissing/Heller, 2016, 10) ebenso wie die Öffnung in den Sozialraum. Im Zuge der gesellschaftlichen Veränderungen und der darauf reagierenden konzeptionellen Weiterentwicklungen des Situationsansatzes entstanden Differenzierungen, Präzisierungen und neue Strukturen. Zentral bleibt ein Handeln, das auf einer fundierten Planung aufbaut.

Vielfach wird der Situationsansatz verwechselt mit einem situativen Vorgehen, das sich auf zufällige, momentane *Begebenheiten* bezieht. Pädagogische Fachkräfte für den Situationsansatz greifen in ihrem Handeln aber die sozialen und kulturellen *Lebenswelten* der Kinder und ihrer Familien auf. Sie knüpfen an der emotionalen Bedeutung an, die Kinder den realen Lebenssituationen zumessen, und nehmen sie als Ausgangspunkte für die pädagogische Arbeit. Dabei arbeiten sie stets eng mit den Eltern zusammen. Gemeinsam mit diesen suchen sie nach Möglichkeiten, wie Kinder im Hier und Jetzt mit ihren unterschiedlichen Voraussetzungen, Interessen und Absichten Kompetenzen für ihr jetziges und zukünftiges Leben erwerben können.

In diesem Buch gehen wir auf die Dimensionen und Grundsätze und die Planungsschritte des Situationsansatzes ein. Insbesondere die Praxisbeispiele zeigen Ihnen, wie es gelingen kann, dass Kinder sich selbstwirksam und selbstbewusst entwickeln können. Unser Ziel war es, einen vielfältigen und anregenden Leitfaden zu gestalten, der Fachkräfte in Kindertageseinrichtungen bei der Planung und Reflexion ihrer eigenen Arbeit begleiten kann.

Wir sind für Ihre Rückmeldungen immer dankbar. Richten Sie diese bitte an uns über das Institut für den Situationsansatz unter der Mailadresse: quasi@situationsansatz.de.

Daniela Kobelt Neuhaus, Katrin Macha und Ludger Pesch

Der Situationsansatz –
1 innovativ gestern und heute

Der Situationsansatz ist ein pädagogisches Konzept, das den Anforderungen des Lebens in einer Zeit des Wandels, der Veränderung, der Widersprüche, des Risikos, der Verschiedenheit und der Selbstverantwortung gerecht wird. Er entstand für die Elementarpädagogik, in den letzten Jahren wurde er aber auch für andere Erziehungs- und Bildungseinrichtungen adaptiert. Der Situationsansatz verfolgt das Ziel, Kinder unterschiedlicher sozialer und kultureller Herkunft darin zu unterstützen, ihre Lebenswelt zu verstehen und selbstbestimmt, kompetent und verantwortungsvoll zu gestalten. Inhalt des Lernens und der Bildung ist das vielfältige und widersprüchliche Leben der Kinder selbst, sind ihre Erfahrungen und Fragen, ihre unmittelbaren Erlebnisse und die Herausforderungen, die ihnen dabei begegnen.

Die Aneignung von Wissen und Können erfolgt durch Teilhabe am realen Leben, in dem Kinder als handelnde Subjekte eine Rolle spielen. Im Tun und in der Auseinandersetzung mit sich und mit der Welt geben Kinder der Realität Sinn und Bedeutung. Der Situationsansatz war und ist durch diese Subjektorientierung stets eng mit bildungspolitischen und gesellschaftlichen Strömungen befasst, sowohl in der positiven Aufnahme neuerer Erkenntnisse und Erfordernisse wie auch in der kritischen Auseinandersetzung mit Positionen, die sich konträr zu den Grundsätzen des Ansatzes bewegen.

1.1 Der gesellschafts- und bildungspolitische Hintergrund und Entstehung

Ein wichtiger Meilenstein für die Entwicklung des Situationsansatzes war der sogenannte Sputnik-Schock. Dass die Russen den ersten künstlichen Erdsatelliten Sputnik 1 am 4. Oktober 1957 ins Weltall schickten, stellte den bis dahin geltenden Überlegenheitsglauben der USA und des Westens infrage. Das Ereignis führte zu einem jähen Stopp des ausgeprägten Fortschrittsglaubens, des optimistischen Zeitgefühls, der starken wirtschaftlichen Expansion und der breitgefächerten Bildungseuphorie der Nachkriegsjahre in der westlichen Welt (USA und Europa). Nachdem der Schock über die Unterlegenheit überwunden war, starteten Wettbewerb und Konkurrenz zwischen Ost und West nicht nur im technologischen Bereich. Der Wettlauf im Fortschritt beeinflusste den gesamten Bildungsbereich und führte zu einer Bildungsreform, die vor allem auf frühe Bildung setzte.

Entwickelt und konkretisiert wurde der Situationsansatz ab den 1960er-Jahren. Man diskutierte über die Einschulung der Kinder mit fünf Jahren (Deutscher Bildungsrat 1970, 45–48 und 123 ff.), damit kindliche Potenziale möglichst früh gehoben und Chancengerechtigkeit hergestellt werden konnte (Krug 2013, 3) In manchen Bundesländern wurden daraufhin Vorschulklassen eingerichtet und didaktische Programme und Materialien zur Vermittlung von mathematischem, naturwissenschaftlichem und sprachlichem Grundlagenwissen entwickelt. Vor allem Kinder aus einfachen Bildungsmilieus sollten Zugang zu differenzierenden Bildungsinhalten erhalten. Um ihre vermuteten Sozialisationsdefizite aufzuarbeiten, wurden ihnen in den Einrichtungen gezielt soziale und handlungspraktische Erfahrungen geboten, die Kinder aus „besseren Familien" angeblich im Elternhaus lernten. Es entstanden zahlreiche frühpädagogische Trainingsprogramme und aus dem Lehrplan wurden „weiche" Faktoren wie „Spaß am Lernen", „Lernen in der realen Welt" oder nach dem Krieg entstandene musische Schwerpunkte entfernt. Die Aufholjagd um den Wissensvorsprung führte zu einem Bildungswettbewerb, der in den 1960er-Jahren zu einer Engführung des Fächerkanons und teilweise zu Belehrungs- und Trichterpädagogik führte.

Gegen Ende der 1960er-Jahre begehrten die Studenten gegen Autorität, Gehorsam, und gegen das „Höher, schneller, weiter" auf. Die in dieser Zeit gegründeten antiautoritären Kinderläden widersetzten sich der Verschulung. Die Kinder sollten sich in einem repressionsfreien Raum zu autonomen, selbstverantwortlichen Bürgern entwickeln und sich nicht Leistungsdiktaten unterwerfen. Der Schwerpunkt der alternativen Pädagogik war auf „soziales Lernen" gerichtet (Merkel 2010, 72). Zum Teil vertraute man gar darauf, dass Kinder sich schon selber entwickeln würden, wenn man sie nur ließe. Inspiriert und genährt wurden diese antiautoritären Ansätze unter anderem durch die von Illich (1972) angestoßene Entschulungsdebatte und reformpädagogische Ansätze. Unter anderem ist der Situationsansatz beeinflusst vom Brasilianer Paolo Freire, der seine Alphabetisierungskampagnen an den Bedarfen und Interessen der Lernenden ausrichtete. Vor diesem Hintergrund ist der Situationsansatz ein innovatives Konzept, das in Abgrenzung zur Belehrungspädagogik entwickelt wurde. 1966 wurde von der Bundesregierung und den Bundesländern der Deutsche Bildungsrat gegründet, um Bedarfs- und Entwicklungspläne für das deutsche Bildungswesen zu entwerfen, Strukturvorschläge zu machen, den Finanzrahmen zu berechnen und Empfehlungen für langfristige Planungen auszusprechen.

Im Zuge der Schul- und Hochschulreform der 1970er-Jahre wurde von der Nachfolgekommission des Deutschen Bildungsrats, der Bund- und Länder-Kommission für Bildungsplanung, die Kindertagesbetreuung als regelhafte erste Stufe der Erziehung/Bildung für alle Kinder gefordert. Ab 1975 übernahm das Deutsche Jugendinstitut die wissenschaftliche Begleitung eines überregionalen Erprobungsprogramms für Curricula im Elementarbereich, koordiniert von der Bund-Länder-Kommission für Bildungsplanung.

Jürgen Zimmer und andere (u. a. Hedi Schrader, Rita Haberkorn, Richard Auernheimer; Arbeitsgruppe Vorschulerziehung, 1975/1976) entwickelten hier das Curriculum „Soziales Lernen". Die „Arbeitsgruppe Vorschulerziehung" des Deutschen Jugendinstituts verfolgte in den Modellkindergärten in Rheinland-Pfalz und Hessen eine praxisnahe Curriculumentwicklung unter Berücksichtigung des Strukturkonzepts von Saul B. Robinsohn (1967), wonach Menschen anhand von für sie aktuell bedeutsamen Situationen Bewältigungsmuster für ihre Zukunft entwickeln. Die pädagogische Arbeit sollte sich deshalb an der aktuellen Lebenswelt der Lernenden orientieren, um darin geeignete Bildungsgelegenheiten zu identifizieren, die jetzt und in der Zukunft relevant sein könnten.

In Hessen und Rheinland-Pfalz arbeiteten Modellkindergärten Situationen im Leben von Kindern heraus und beschrieben deren Bildungspotenzial. Erstmals handelten Fachkräfte, Kinder, Eltern und Wissenschaftler/-innen in diesem Modellprojekt gemeinsam aus, wie das Lernfeld Kindergarten künftig ausgestaltet werden sollte, und entwickelten Reformvorschläge, etwa die Einführung altersgemischter Gruppen, gezielte „Elternarbeit", Projektarbeit und offene Planung. Im Zentrum dieser Bemühungen stand die Orientierung am kindlichen Entwicklungsinteresse. Mit dem Erprobungsprogramm entstanden jene Grundsätze und Dimensionen des Lernens, die wir heute als Situationsansatz kennen. Die Veränderungen von Inhalten und Methoden der pädagogischen Arbeit im Kindergarten wurden positiv beurteilt, jedoch nicht systematisch evaluiert oder langfristig verfolgt. Im Zuge dieses Aushandlungsprozesses entstand der Begriff „Schlüsselsituation". Anstatt Lernfelder oder Kompetenzbereiche wie „Sprechen", „musikalische Erziehung" oder „körperliche Ertüchtigung" wurden Situationen in den Mittelpunkt gestellt, etwa „Kinder im Krankenhaus", „Angst", „Wohnen", „Kinder kommen in die Schule", „Kinder mit Behinderung" usw. In jeder Schlüsselsituation liegt die Aufforderung und Chance, dass Kinder ihre Kompetenzen möglichst selbstbestimmt (autonom) im gemeinschaftlichen bzw. solidarischen Tun entwickeln. Das Curriculum „Soziales Lernen" beschrieb nun didaktische Einheiten zu 28 Schlüsselsituationen (Zimmer 2012 b).

Schlüsselsituationen sind „Situationen, die für die gesamte Person in ihrer biografischen Entwicklung von besonderer Bedeutung sind und ihr Leben prägen" (Preissing 2012). Es sind „konkrete soziale und kulturelle Lebenssituationen, von denen die Kinder subjektiv und individuell betroffen sind, die über den Augenblick hinaus für ihr Aufwachsen von Bedeutung sind [… und] in denen sie auf exemplarische Weise erleben, dass sie Lebenssituationen verstehen, mitgestalten und verändern können" (Preissing, Heller 2016, 84). Die Hirnforschung hat sich um die Jahrtausendwende mit der

Frage befasst, inwiefern Emotionen und Lernen zusammenhängen und sich gegenseitig beeinflussen. Mehrfach wurde nachgewiesen, dass gefühlsmäßig involvierte Menschen besonders intensiv wahrnehmen und lernen (Otto/Euler/Mandl 2000; Spitzer 2002, Hüther 2005). Daher sind Schlüsselsituationen, die besonders stark von Gefühlen begleitet sind, zentral für die kindliche Entwicklung. Erkannt werden Schlüsselsituationen über die Analyse des kindlichen Verhaltens in der Einrichtung bzw. über Gespräche mit Eltern. Beobachtungen zeigen, wenn Kinder mit Herausforderungen konfrontiert werden, für die vorhandene persönliche Kompetenzen (noch) nicht reichen. Als Antwort erhalten Kinder Anregungen, wie und wo sie ihre Kompetenzen erweitern oder ergänzen können. In diesen Lernprozessen geht es stets um Autonomie, Solidarität und Kompetenz.

1.2 Der Situationsansatz als sich stets weiterentwickelnder Ansatz

Nach der Entwicklung des Curriculums „Soziales Lernen" gelang es nur bedingt, die innovativen Ideen flächendeckend umzusetzen. Es gab weder zusätzliche Ressourcen noch weitere Entwicklungsanreize (Rohnke 2002). Zudem mangelte es an Aus- und Weiterbildungsmöglichkeiten für die pädagogischen Fachkräfte. Viele Einrichtungen schaffen es bis heute nicht, ihre Arbeit mit den aktuellen Lebenssituationen der Kinder zu verbinden. Wenngleich der Ansatz in Reinform nicht flächendeckend Fuß fassen konnte, prägte er doch die Gesetzgebung und die Bildungsprogramme (vgl. Kapitel 3.3.10). Begriffe wie Autonomie, Selbstbestimmung, Kompetenz, verantwortungsvolles und werteorientiertes Handeln und Lernen in realen Lebenssituationen finden sich heute in fast allen Konzeptionen von Kindertageseinrichtungen.

Das Bundesministerium für Familie, Senioren, Frauen und Jugend förderte mit den zuständigen Länderministerien nach der Wende das Modellprojekt „Kindersituationen" (1993–1997) zur Weiterentwicklung der pädagogischen Arbeit in Tageseinrichtungen für Kinder der neuen Bundesländer und Ostberlins. Die Erfahrungen und Ergebnisse dieses Reformprozesses sind in der zwölfbändigen, inzwischen vergriffenen „Praxisreihe Situationsansatz" zu verschiedenen Schwerpunkten der pädagogischen Arbeit veröffentlicht. Ergänzend gab es eine Materialbox mit praktischen Arbeitshilfen, ein Handbuch mit Grundinformationen zum Situationsansatz und ein Diskussionsspiel für die Teamarbeit.

1996 wurde das Institut für den Situationsansatz (ISTA) unter dem Dach der „Internationalen Akademie Berlin für innovative Pädagogik, Psychologie und Ökonomie (INA)" gegründet. Das Projekt „QuaSi – Qualität im Situationsansatz" (1999–2006), welches das Bundesministerium für Familie, Senioren, Frauen und Jugend 1999 mit zehn Bundesländern, kommunalen und freien Trägern im Rahmen der „Nationalen Qualitätsinitiative im System der Tageseinrichtungen für Kinder" ins Leben rief, entwickelte auf der Basis der konzeptionellen Grundsätze des Situationsansatzes im Dialog mit profilierter Praxis, mit Eltern und weiteren Experten sowie unter Einbeziehung neuerer Erkenntnisse zur frühkindlichen Entwicklung Qualitätsansprüche und -kriterien. Die Qualitätskriterien spiegeln beste Praxis wider und bestimmen den inhaltlichen Orientierungsrahmen für die pädagogische Arbeit nach dem Situationsansatz. Sie helfen Erzieher/-innen, die eigene Arbeit fachlich fundiert zu reflektieren und die pädagogische Umsetzung der Ziele und Inhalte im jeweiligen Kontext zielgerichtet zu gestalten (Preissing/ Heller, 2016).

Die zentralen Fragen des Situationsansatzes spiegeln sein zeitloses Ansinnen, dass die pädagogische Arbeit mit Kindern ein hochpolitisches Anliegen ist:

* Welche Gesellschaft brauchen Kinder für ein glückliches und gelingendes Aufwachsen?
* Wie kann pädagogische Arbeit dazu beitragen, das Leben für Kinder und ihre Familien zu verbessern?
* Welche Kompetenzen brauchen Kinder und Erwachsene, um sich in ihrer Gesellschaft aktiv an Veränderungen beteiligen und ihre eigenen und die Interessen der Gemeinschaft verfolgen zu können?

Als Antwort auf das schlechte Abschneiden der deutschen Schüler/-innen bei den ersten Bildungsstudien sind ab 2002 die Bildungspläne der Länder entstanden. Die Bildungspläne von Berlin, Hamburg und dem Saarland orientieren sich am Situationsansatz. Andere Pläne legen ein ähnliches Menschenbild und Lernverständnis zugrunde. Bildungsexpertinnen haben sich intensiv damit befasst, den Situationsansatz für die Schule weiterzudenken (Ramseger/Hoffsommer 2008; Ramseger/Preissing/Pesch, 2009). Ziel ist eine individuell gelingende Bildungsbiografie über verschiedene Institutionen hinweg (Carle 2014), wobei die inhaltliche Ausgestaltung immer wieder neu bestimmt werden muss (Rißmann 2015). Leider sind Lehrerinnen und Lehrer meist Einzelkämpfer/-innen und orientieren sich nach wie vor an fächerbezogenen Curricula. Insbesondere in staatlichen Schulen ist eine Leistungsbewertung durch die Lehrpersonen vorgesehen, was Kreativität und Eigenständigkeit beim Lernen, kindliche Selbsteinschätzung und Selbstmotivation erschwert.

2 Der Situationsansatz – „was er will und was er kann"

Was macht den Situationsansatz aus? Eine Gruppe von Fachkräften hat dazu folgende Stichworte gesammelt:

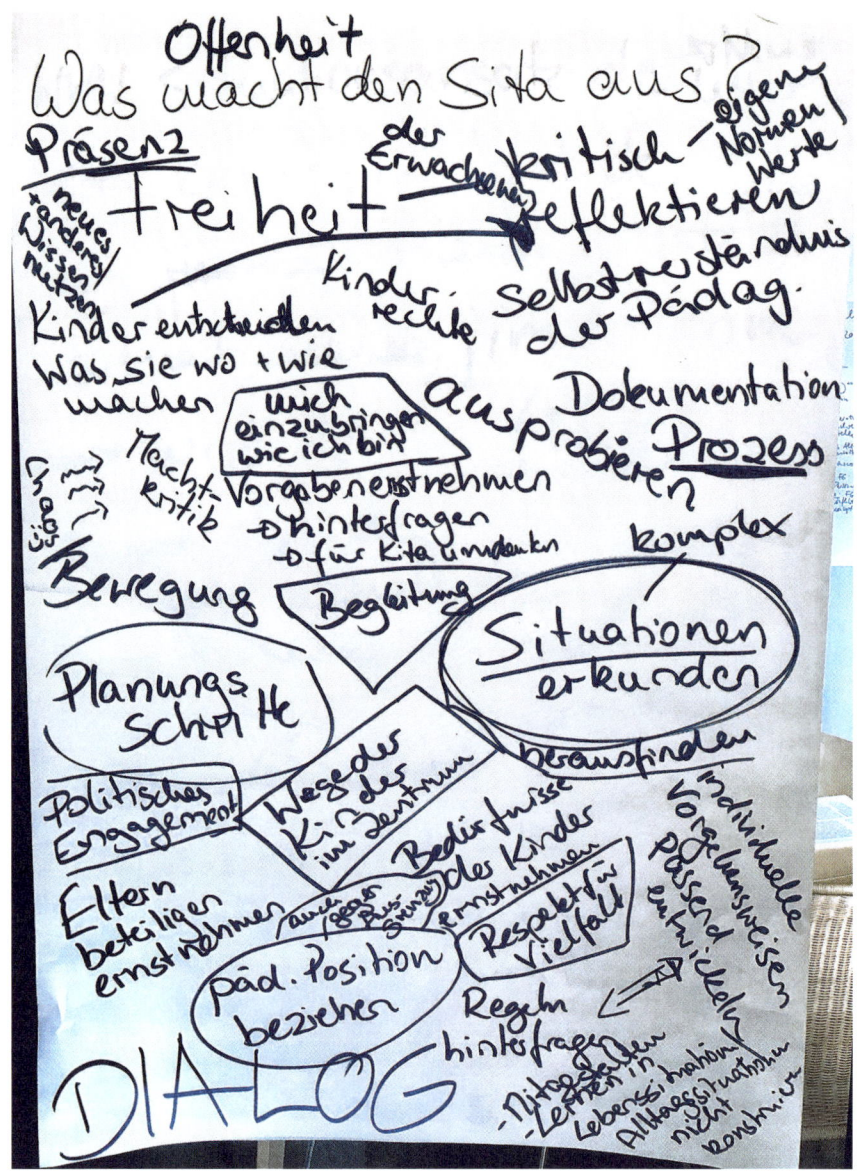

2.1 Der Anspruch: Einfluss nehmen auf die Welt

Eine Kita-Leitung wird von ihrer Gemeinde aufgefordert, Kinder im Alter von ein und zwei Jahren in die Kita aufzunehmen. Sie setzt dies nicht einfach um, sondern tritt in Verhandlungen mit der Kommune. Leitung und Team machen deutlich, dass sie ihre Qualität in der Arbeit mit dem bestehenden Personalschlüssel nicht halten könnten. Sie erreichen, dass sie in einer Erprobungsphase von der Kommune mehr Personal finanziert bekommen, um die Arbeit mit den jungen Kindern konzeptionell anzuknüpfen an der Hauskonzeption. Sie stellen regelmäßig der Kommune dar, wie sie die Arbeit mit den jungen Kindern gestalten, und wofür sie dieses Mehr an Personal benötigen. Die Kommune hat inzwischen die zusätzlichen Personalmittel verstetigt, weil sie die Notwendigkeit nachvollziehen kann.

Pädagogen/-innen einer Kita evaluieren mit den Materialien zur internen Evaluation zum Situationsansatz (Preissing/Heller, 2010), wo und wie sie sich im Sozialraum für ihre Kita und die Kinder engagieren. Sie stellen fest, dass sie insbesondere von der Schule im Einzugsbereich hinderliche Bedingungen diktiert bekommen. Ein Qualitätskriterium regt sie an, dieses Verhältnis zu hinterfragen. Sie beziehen Position und machen der Schule ihrerseits deutlich, welche Bedingungen sie für die Kooperation haben.

Eine Kita hat eine Tageszeitung abonniert. Die Pädagogen/-innen lesen diese regelmäßig mit den Kindern. Daraus ergeben sich Gespräche über Ungerechtigkeiten, gesellschaftlichen Wandel und globale Verbindungen sowie Überlegungen, was das mit dem Leben der Kinder zu tun hat und was man vor Ort ändern möchte und kann.

Die Beispiele zeigen, wie facettenreich der Situationsansatz Bezug nimmt auf das, was in der Gesellschaft, im Leben von Kindern, im Zusammenarbeiten in der Kita und mit anderen Akteuren im Sozialraum bedeutsam ist. In der Arbeit an Alltagssituationen erkennen die Beteiligten Zusammenhänge, reflektieren (Beweg-)Gründe und entwickeln Lösungsideen, um Einfluss zu nehmen. Sie beziehen sich dabei auf die Rechte der Kinder und nehmen deren gesellschaftliche und familiäre Lebensbedingungen als veränderlich und gestaltbar wahr. Was in der einen Kita gut funktioniert, kann in einer anderen scheitern. Es geht darum, für jede Situation eigene und passende Lösungen zu entwickeln.

Im Laufe der Jahre sind viele Projekte verstetigt und Bildungseinrichtungen, Sozialräume und politische Entscheidungen durch den Situationsansatz verändert worden.

Der Situationsansatz entwickelt sich selbst permanent dynamisch weiter, passt sich gesellschaftlichen Bedingungen an, hinterfragt diese kritisch und entwickelt daraus neue Themen und Schwerpunkte. Das Konzept der Vorurteilsbewussten Bildung und Erziehung beschreibt in vier pädagogischen Handlungsschritten die breite Auseinandersetzung mit unterschiedlichsten Vielfaltsaspekten auf der Grundlage von Gemeinsamkeiten und gegenseitigem Respekt (vgl. Wagner 2013, 2014, siehe auch Kapitel Inklusion in diesem Buch) und hat damit den Situationsansatz und die theoretische Dimension „Gleichheit und Differenz" wesentlich weiterentwickelt.

Dialog ist ein zentrales Moment im Situationsansatz. Menschen mit verschiedenen Biografien und Auffassungen, Theorie und Praxis begegnen sich auf Augenhöhe und befruchten einander im Denken und Handeln.

Das Leitbild beschreibt die Grundwerte:

Jedes Mädchen und jeder Junge hat von Anfang an eigene Rechte sowie Möglichkeiten und Kräfte, sich die Welt eigenaktiv mit allen Sinnen zu erschließen und sein Leben mitzugestalten. In ihren Rechten sind alle Kinder gleich – in seiner Entwicklung ist jedes Kind besonders. Diese Sicht bestimmt das Bild vom Kind im Situationsansatz. Erwachsene sind dafür verantwortlich, Kinder durch verlässliche Beziehungen und ein anregungsreiches Umfeld in ihrem Streben nach Weiterentwicklung zu unterstützen, damit sie ihre Kenntnisse und Fähigkeiten erweitern und ihre individuellen Möglichkeiten in die Entwicklung von Gemeinschaft einbringen können.

Ziel des Situationsansatzes ist, dass sich ALLE Kinder Erfahrungen und Kompetenzen aneignen, mit denen sie in einer sich ständig wandelnden globalisierten Welt autonom, solidarisch und kompetent handeln können. Jedes Kind hat ein Recht auf Unterstützung und Förderung. Das Recht auf Bildung bezieht sich auf alle Bereiche der Persönlichkeitsentwicklung. Es geht darum, Kinder mit ihren individuellen Entwicklungsbedürfnissen in ihren Situationen zu verstehen und das Streben und die Fähigkeiten der Kinder zu fördern, mit sich selbst, mit anderen und mit einer Sache gut zurechtzukommen. Durch Anerkennung der unterschiedlichen Lebenserfahrungen und Ausdrucksweisen ermutigen Fachkräfte jedes Kind, sich an gesellschaftlichen Prozessen gestaltend zu beteiligen. Eigensinn und Gemeinsinn gehören hierbei zusammen.

Ansatzpunkt und Inhalt der Bildung ist das vielschichtige, inhaltsreiche Leben der Kinder selbst. In realen Lebenssituationen, in denen Kinder als handelnde Subjekte eine Rolle spielen und in denen der Erwerb von Wissen und Können für sie Sinn und Bedeutung haben, wird ihre Neugier und Lernfreude herausgefordert. Deshalb unterstützen Fachkräfte Jungen und Mädchen darin, sich in bedeutsamen Schlüsselsituationen, in vielseitigen Beziehungen und Tätigkeiten die Welt anzueignen. Sie gehen in ihrem pädagogischen Handeln von den sozialen und kulturellen Lebenssituationen der Kinder und ihrer Familien aus und streben die respektvolle Zusammenarbeit mit den Eltern an.

Der Situationsansatz in Kindertageseinrichtungen begreift die Betreuung, Bildung und Erziehung von Kindern als gesellschaftliche Aufgabe. Seine Grundsätze tragen dem Grundverständnis des SGBVIII/KJHG Rechnung, dass die Kindertageseinrichtungen ein den Lebenswelten der Kinder und Familien entsprechendes qualitativ und quantitativ bedarfsgerechtes Angebot darstellen. Sie berücksichtigen die Vielfalt der Lebensformen und entwickeln darauf bezogen spezifische Profile. Bildung, Erziehung und Betreuung bilden dabei eine Einheit.

2.2 Die theoretischen Dimensionen

In fünf „theoretischen Dimensionen" offenbaren sich die zentralen Bezüge, Grundorientierungen und Wissensbestände des Situationsansatzes. Auch die modulare Weiterbildung zur „Fachkraft im Situationsansatz" (siehe Kapitel 5) orientiert sich an den folgenden fünf dargestellten Aspekten. In den Ausführungen zu den theoretischen Dimensionen haben wir zwischendurch in Rot Fragen eingefügt, die Sie als Lesende zur Selbstreflexion anregen.

2.2.1 Lebensweltenorientierung: „Lasst das Leben rein!"

„Das pädagogische Konzept Situationsansatz bezieht Bildungsprozesse auf die Lebenswelt von Kindern und Familien und macht die Erschließung und Bearbeitung von Lebenssituationen zum Ausgangspunkt und zum Inhalt der pädagogischen Arbeit." (Preissing/Heller 2016, 42). Ursprünglich hieß diese Dimension Lebensweltorientierung. In Anerkennung der vielen unterschiedlichen Lebenswirklichkeiten und Lebenswelten von Kindern, Familien und Kitas entwickelt sich der Begriff weiter zu Lebensweltenorientierung.

„Lasst das Leben rein" – mit diesem Ausspruch werden die Bemühungen der Kitas, die Lebenswelten der Kinder und Familien in ihrer Arbeit mehr zu berücksichtigen, zusammengefasst. Inzwischen hat es diese Forderung sogar in die gesetzliche Grundlage des SGB VIII geschafft:

„Der Förderungsauftrag umfasst Erziehung, Bildung und Betreuung des Kindes und bezieht sich auf die soziale, emotionale, körperliche und geistige Entwicklung des Kindes. Er schließt die Vermittlung orientierender Werte und Regeln ein. Die Förderung soll sich am Alter und Entwicklungsstand, den sprachlichen und sonstigen Fähigkeiten, der Lebenssituation sowie den Interessen und Bedürfnissen des einzelnen Kindes orientieren und seine ethnische Herkunft berücksichtigen." (SGB VIII; § 22, 3)

Bildungsprozesse sollen anknüpfen an das, was für die Lernenden eine Bedeutsamkeit erlangt hat. Wissen hilft Menschen, ihre Lebenswirklichkeiten zu verstehen und sich in diesen zu bewegen. Gleichzeitig wird unser Leben beeinflusst von vielfältigen indirekten und direkten Faktoren, die wir nicht unmittelbar erkennen können oder wollen, weil wir nicht genug dazu wissen, weil zu viel anliegt, die Erkenntnis zu schmerzhaft ist oder wir uns eingerichtet haben in der Situation.

Paolo Freire erkannte dies bereits in den 1970er-Jahren: Alle agierenden Personen und Dinge bestimmen eine Situation mit. Die „Unterdrückten" erhalten das herrschende System mit am Leben und nicht nur die Menschen, die auf der Seite der „Unterdrücker" die Macht in dem System ausüben (vgl. Freire 1973). Wer kaum an unserer Gesellschaft teilhat und wenig Anerkennung erfährt, findet sich nicht selten mit dieser Situation ab und stellt diesen Ausschluss nicht infrage. Und die Mehrheitsgesellschaft ist wenig aufmerksam für die Nöte, Lebensbedingungen und Potenziale dieser Minderheiten. In einer Studie aus Berlin-Neukölln (Beki 2016) wird offensichtlich, dass dieses Missverhältnis auch heute noch besteht: Pädagogen/-innen, Akteure im Sozialraum und Eltern sind sich einig, dass eine Verständigung in der Kita allein über die deutsche Sprache geschehen soll. (Deutsche) Fachkräfte beschreiben, wie schwierig es für sie ist, mit Familien zu kooperieren, die schlecht Deutsch sprechen. Auf die Idee, dass die Familiensprachen einen gleich großen Raum in der Kita haben könnten (und Kinder damit die Lust am Sprechen und die Sprachvielfalt der Welt kennenlernen) oder dass die Fachkräfte die Familiensprachen lernen könnten, kommt kaum jemand (Beki 2016, 65–67, 73).

Woran haben Sie gemerkt, wie gesellschaftliche Themen das Leben der Kinder beeinflusst haben? Wie sind Sie damit umgegangen?

Wir alle haben Einfluss auf unsere Lebenswelt und Gestaltungsmöglichkeiten. „Lebenssituationen werden verstanden als real erfahrbare und veränderbare Ausschnitte der sozialen Wirklichkeit, als soziale Handlungsfelder." (Preissing/Heller 2016, 42) Deswegen sollen Kompetenzen gestärkt und gefördert werden, die eine aktive und verantwortungsvolle Mitgestaltung der sozialen Wirklichkeit ermöglichen. Bearbeitungswürdige Themen müssen für die Betroffenen für den Moment und darüber hinaus bedeutsam sein. Dazu ein Beispiel: Eine Pädagogin berichtet in einer Fortbildung davon, wie eine Lehrerin sie in den 1960er-Jahren nach ihrer Meinung gefragt hat. Da habe sie verstanden, dass sie eine eigene Meinung hat und es Menschen gibt, die daran interessiert sind. Diese Frau hat augenscheinlich bis zu diesem Moment im Leben erfahren, dass es auf ihre Sicht nicht ankommt. Es setzte eine befreiende Lernbewegung ein: Position zu beziehen zog sich als roter Faden durch ihr Leben und wurde bedeutsam für ihr Handeln.

In Anlehnung an Paolo Freire sprechen wir von „generativen Themen", um die gesellschaftspolitische Ebene einer Situation zu beschreiben: „Eine Epoche wird durch einen Komplex von Ideen, Konzepten, Hoffnungen, Zweifeln, Werten und Herausforderungen gekennzeichnet [...]. Der konkrete Ausdruck vieler dieser Ideen, Werte, Konzepte und Hoffnungen, aber auch die Hindernisse, die sich der vollen Humanisierung in den Weg stellen, bilden die [generativen] Themen dieser Epoche." (Freire 1973, 84) Generative Themen sind also grundlegend bzw. epochal übergeordnet. Fachkräfte brauchen ein kritisches Bewusstsein, um gesellschaftliche Wirklichkeiten zu hinterfragen und diese Themen zu identifizieren. Die Arbeit an generativen Themen birgt einen befreienden Impuls in sich. Sie bilden zumeist aktuelle Problemfelder ab, diese haben aber ein positives Gegenstück, das die Zielrichtung anzeigt. Freire sah Unterdrückung und als Gegenstück Freiheit als maßgebliche Themen, die die Welt bestimmen. In seinem praktischen Tun hat er diese Unterdrückung bekämpft, indem er sie beschrieben und durch seine Arbeit als Lehrer viele Menschen für die gesellschaftlichen Verhältnisse in Brasilien und der Welt sensibilisiert hat. Im Laufe der Zeit ist das generative Thema „Unterdrückung von Kindern" auf vielen Ebenen bearbeitet und durch die UN-Kinderrechtskonvention sogar auf gesetzlicher Ebene beschrieben worden.

Welche generativen Themen waren in Ihrer Kindheit wirksam? Welche sind es heute?

In der pädagogischen Arbeit bearbeiten die Fachkräfte generative Themen, indem sie analysieren, wie diese sich auf die einzelnen Kinder und Familien in der Kita auswirken und wie die Situation verändert werden kann – für das einzelne Kind, die Kindergruppe, mit und für die Familien, im Sozialraum –, und nehmen damit Einfluss auf unsere Gesellschaft insgesamt. Wir können das System, in dem wir leben, natürlich nicht so schnell ändern, sind ja auch selbst darin gefangen. Allerdings hat der Situationsansatz mit Freire den Anspruch, dass Kinder und ihre Familien sich diese Komplexität und die verschiedenen gesellschaftlichen Ebenen vor Augen führen. Pädagogische Fachkräfte sollen sich mit ihnen auf den Weg machen, etwas zu verändern.

Wo haben Sie sich schon mal in Ihrem Umfeld, in der Gesellschaft engagiert? Wo könnten Sie sich morgen einfach engagieren?

In den vielen Abschluss-Arbeiten im Rahmen der Ausbildung zur „Fachkraft im Situationsansatz" wird genau dieses Sich-auf-den-Weg-machen sichtbar: Die Fachkräfte greifen ein Thema auf und bearbeiten es projektartig mit den Kindern und Familien. Im Rahmen der Arbeit an diesen Schlüsselsituationen reflektieren die Pädagogen/-innen die darin liegende gesellschaftliche Dimension – und suchen nach Möglichkeiten, bei sich selbst, aber auch bei den Kindern die Handlungsfähigkeit in der Welt zu vergrößern. Sie befassen sich mit Natur- und Umweltschutz, mit dem Leben früher und heute, Generationen, Lust und Liebe, Tod, verschiedenen Kulturen/Sprachen/Religionen.

Folgende Projektthemen zeigen die Verbindung zu den gesellschaftlichen Themen auf: „Armut schafft Grenzen – Untersuchung der Armutsthematik im Einzugsbereich unserer Kita und Auswirkungen auf den pädagogischen Alltag", „Alles im Eimer – nachhaltig handeln in und vor der Kita", „Was glaubst du denn? – Interreligiöse Begegnung in der Kita", „Zwei Tage war der Frieder krank, jetzt lacht er wieder, Gott sei Dank! – Was bedeutet gesund sein und krank sein für Kinder?"

Die Interpretation von Situationen und sich daraus entwickelnde Handlungsperspektiven sind abhängig von Kontext und individueller Erfahrung. Pädagogen/-innen, Kinder, Eltern und Interessierte verständigen sich gemeinsam über Themen und Handlungsmöglichkeiten. Wesentlich für die Auswahl eines Themas ist neben der subjektiven Betroffenheit, ob dadurch die Handlungsperspektive der Beteiligten erweitert werden kann. Pädagogische Interaktionen sind auf Aktivität, Bearbeitung und Veränderung der erlebten Realität ausgelegt und sollen mit „Kreativität, Einfallsreichtum und Unternehmergeist" (Preissing/Heller 2016, 43) aufgegriffen werden. Die Umwelt, das Lernen außerhalb der Institution, ist dabei wichtig. Jede Institution soll eine Antwort auf die individuellen und regionalen Bedingungen und Bedürfnisse sein. Sich kinderpolitisch zu engagieren und sich für positive Lebensbedingungen von Kindern und Familien einzusetzen – auch dieser Impuls des Situationsansatzes ist inzwischen in die Gesetzgebung (§ 22 Absatz 3, KJHG) eingegangen.

Die Bearbeitung von Lebensthemen soll dazu führen, dass die Lernenden ihren „Anspruch auf Selbstbestimmung in kompetenter Weise vertreten […] können" (Preissing/Heller 2016, 42). Diese Kompetenzen sollen in Lebensbezügen erlangt werden. Gegenstand des Lernens ist „die Lebenswelt selbst, ihre Erfahrungen, Erlebnisse und die Herausforderungen, die sich ihnen stellen, also die Logik des Lebens und nicht die der Fachdisziplinen bestimmen die Inhalte und die Art und Weise des Lernens" (Preissing/Heller 2016, 42). Der Schlüssel zur Lebensweltenorientierung liegt in der Erkundung. Sie ermöglicht uns, am „Puls" der Kinder und Familien zu bleiben und uns einzelnen Themen zu nähern. Zwei Wege zur Erkundung haben sich in der Praxis etabliert:

Induktiv leiten Pädagogen/-innen die (Schlüssel-)Themen aus dem Erleben der Kinder ab und stellen sie in Bezug zu generativen Themen. Was ist bedeutsam im Leben der Kinder, ihrer Familien und im Geschehen in der Kita? Welche Fragen stellen sich Kinder über sich selbst, ihren Platz in der Welt und bei ihrer Erkundung der Welt? Was bewegt sie? Welche tiefergründigen Themen stecken in scheinbar banalen Situationen oder werden in kindlichen Interessen sichtbar (vgl. Andres u. a. 2005)?

Das Suchen und Bearbeiten von Themen nimmt im Kita-Alltag (nicht nur gezielt in Projekten) viel Raum ein.

Welche Themen sind für die Kinder, mit denen Sie arbeiten, aktuell bedeutsam?

Die Themenbandbreite reicht von „klassischen" Entwicklungsthemen wie Autonomie, Freiheit, Körpergefühl über soziale Themen wie „Ich und die anderen", „Konflikte und Ausgrenzung", Erkundung der Welt/„sich in der Kita orientieren". Auch Eltern geben Hinweise auf mögliche Themen in den Familien, die auf die Kinder Auswirkungen haben. Pädagogen/-innen sollen bedeutsame Schlüsselsituationen identifizieren, analysieren, Erkenntnisse im Team diskutieren und in Verbindung bringen zu anderen Erfahrungen mit den Kindern. Die gefundenen und analysierten Themen werden sodann im pädagogischen Planungsprozess im Sinne von Richtzielen für die pädagogische Arbeit (vgl. Kapitel 2.2.2) zu Situationen, in denen Kinder (und Erwachsenen) sich selbst als ihre Lebenswirklichkeiten gestaltend erleben und darin bestärkt werden, sich einzumischen und Verantwortung zu übernehmen.

Deduktiv identifizieren Pädagogen/-innen relevante generative Themen und stellen einen Bezug zum Leben der Kinder her. Zum Beispiel im Projekt „Kindersituationen", als Pädagogen/-innen und das Projektteam gemeinsam mit Akteuren in den jeweiligen Sozialräumen übergeordnete generative Themen im Ostdeutschland nach der Wende erforschten und mit den Kindern und Familien bearbeitet haben (Arbeitslosigkeit, Rassismus, Konsum, Migration (in den Westen) etc.). Dabei wurde klar, dass diese Schlüsselsituationen für Erwachsene und Kinder mitunter sehr unterschiedlich wahrgenommen wurden (und werden).

Haben Sie schon einmal ein Thema an die Kinder herangetragen, das Sie für das Aufwachsen der Kinder jetzt und für die Zukunft wichtig fanden? Wie sind Sie vorgegangen?

Aktuell fragen sich viele Pädagogen/-innen, was für aus Kriegsgebieten geflüchtete Kinder bedeutsam ist. Das Thema Flucht nehmen wir unterschiedlich wahr, je nachdem, welche Erfahrungen wir damit haben, welche Bilder wir durch Medien etc. erhalten und was Einzelne konkret erleben. Durch pädagogische Erkundung gilt es, herauszufinden, was für die Kinder und ihre Familien daran bedeutsam war/ist; wie sie sich die Situation vorstellen oder wie sie sie erlebt haben. Es gilt, aufmerksam zu sein und sich von der Deutungskraft der Kinder überraschen zu lassen (vgl. Projektgruppe Kindersituationen 1998).

Sind Sie schon einmal überrascht worden, weil Ihre Deutung der Familiensituation ganz anders war als die der Familie?

Konkrete Ansprüche und Kriterien für die Arbeit mit Schlüsselsituationen und gesellschaftlichen (generativen) Themen finden sich im ersten und zweiten konzeptionellen Grundsatz im „QuaSi-Buch" (Preissing/Heller 2016, 19–21). Sie dienen der Selbstreflexion und als Vorschläge für Fragen und Analyseebenen in der Erkundung.

Lebensweltenorientierung – kompakt

Alle Bildungs- und Erziehungsprozesse knüpfen an die vielfältigen Lebenssituationen der Kinder und ihrer Familien an und geben ihnen Orientierung und mehr Handlungsspielraum, fordert die theoretische Dimension Lebensweltenorientierung. Pädagogische Fachkräfte erkunden, welche lebenspraktischen Kompetenzen Kinder in ihrem Leben bereits erworben haben, und beziehen diese Kompetenzen in den Kita-Alltag ein. Sie sind eng vernetzt mit Eltern und anderen Menschen im Stadtteil und darüber hinaus, um für die Kinder bedeutsame Fragen und Situationen herauszufinden. Damit helfen sie ihnen, sich im Alltag zurechtzufinden und sich auf zukünftige Lebenswelten einzustellen.

GS 1   Die pädagogische Arbeit geht aus von den sozialen und kulturellen Lebenssituationen der Kinder und ihrer Familien.

GS 2   Erzieher/-innen finden im kontinuierlichen Diskurs mit Kindern, Eltern und anderen Erwachsenen heraus, was Schlüsselsituationen im Leben der Kinder sind.

GS 14 Die Kindertageseinrichtung entwickelt enge Beziehungen zum sozialräumlichen Umfeld.

2.2.2 Bildung: „Kinder eignen sich die Welt an"

Manche Kinder sind auf sich gestellt, haben kaum Anregungen oder sind Übergriffen ausgesetzt, zum Beispiel, wenn sie aus ihren Heimatländern flüchten müssen (z.B. Deutsches Komitee für UNICEF, 2016) oder auch, wenn sie in Kitas der Gewalt des Personals ausgeliefert sind (z.B. Geisler, 2016). Auch diese Kinder lernen sich selbst im Rahmen der kulturell definierten Werte und Normen einschätzen, nehmen sich in Bezug auf andere wahr und erkennen andere Menschen und deren Eigenarten. So erarbeiten sie sich einen Zugang zur Welt, ihrer Stofflichkeit, ihrer gesellschaftlichen Prägung und ihrer Gedankenwelt. „Dieses Verständnis kennzeichnet Bildung als einen lebenslangen und von Irritationen und Widersprüchlichkeiten begleiteten Prozess." (Preissing/Heller 2016, 44) Diese selbstständige Bildung findet immer statt und ist nur indirekt beeinflussbar, indem wir Rahmenbedingungen dafür schaffen und kindliche Fragen und Bildungsbewegungen ernst nehmen und begleiten.

Haben Sie heute schon einen Bildungsmoment eines Kindes in einer alltäglichen Situation in der Kita beobachtet? Was, denken Sie, hat das Kind (möglicherweise) in dieser Situation gelernt?

Kinder empfinden Stolz, Freude, Lebenslust in den – für Erwachsene – schwierigsten Situationen. Sie lernen immer und überall, wir können ihr Lernen nur begleiten – und hoffen, dass die Kinder dadurch Werte wie Solidarität, Gleichwürdigkeit, Autonomie, Lebensfreude und Mitbestimmung entwickeln.

Gibt es in unserer Gesellschaft überhaupt einen Konsens über gemeinsame Werte, die unsere Begleitung kindlicher Bildungsprozesse prägen?

Teilen Sie die oben genannten Werte? Was verbinden Sie damit?

Ein ZEIT-Artikel schildert die Situation der zweijährigen Anna folgendermaßen:

„Die Eltern wundern sich. Anna schläft so schlecht. ‚Anna Angst', ruft das Mädchen eines Abends. ‚Dunkeln zankt!' Dunkeln zankt, was soll das heißen? Ungefähr zwei Jahre ist das Kind alt. Mit den kleinen Händen macht es hektische Bewegungen, als führe es einen Löffel zum Mund. ‚Tanja macht immer so. Tanja zankt.' Die Eltern geben nicht viel darauf. Auch nicht, als sich die Tochter selbst schlägt: ‚Tanja so gemacht!' Bloß nicht überbesorgt sein. Vielleicht erzählt das Kind von einem neuen Spiel mit seiner Erzieherin. [...] Tanja [die Erzieherin] und drei Kolleginnen aus der Kita Regenbogen sind seit Dezember vor dem Landgericht Koblenz angeklagt. Polizei und Staatsanwaltschaft haben in zwei Jahre dauernden Ermittlungen eine lange

Liste an Vorwürfen zusammengetragen: Drei der Erzieherinnen sollen Anna und acht andere Kinder traktiert haben, vor allem während des Mittagessens. […] Den Kindern sei gegen ihren Willen Essen in den Mund geschoben und Flüssigkeit nachgeschüttet worden, bis sie schlucken mussten. Parierten die Kinder nicht, sollen sie bestraft worden sein. Hände und Füße seien mit Klebeband am Stuhl fixiert, Kinder in eine dunkle Abstellkammer gesperrt, geschlagen, ihr Mund zugeklebt worden. […]" (Geisler 2016)

Anna lernte hierbei wahrscheinlich: dass sie Dinge falsch macht und deshalb bestraft wird; dass sie es nicht wert ist, immer geliebt zu werden; dass ihr niemand hilft in ihrer Not; dass man im Kindergarten eingesperrt wird. Sie lernte vermutlich auch, dass sie Erwachsenen ausgeliefert ist und diese nett und gleichzeitig schrecklich sein können. Außerdem lernte sie, allein mit ihrer Angst fertigzuwerden, im Dunkeln auszuharren, sich selbst zu regulieren und trotz Angst nicht zu weinen. Damit wird sie wahrscheinlich angepasster durch das Kita-Leben gehen und sich selbst als weniger wichtig wahrnehmen. Glücklicherweise wurde diese Kindeswohlgefährdung aufgedeckt und geahndet.

Welche Handlungsmöglichkeiten sehen Sie, wenn Sie sich einem Kind gegenüber unfair oder gewaltvoll verhalten haben? Was können Sie tun, wenn Sie das bei einem/einer Kolleg/-in erleben?

Annas Eltern nahmen nicht ernst, was ihr Kind sagte. Dieses Verhalten ist offenbar immer noch verbreitet. Auch verniedlichende oder pseudowissenschaftliche entwicklungspsychologische Erklärungen für kindliches Verhaltens sind Anzeichen dafür, dass Kinder nicht ernst genommen werden. Unsere Werte, die unser Bildungsverständnis prägen, offenbaren sich in unserem Umgang mit Kindern, in unseren Worten und Taten. Gewalttätige Pädagogen/-innen verletzten demokratische Grundrechte.

Haben Sie sich in Ihrem Team, in Ihrer Familie, in Ihrem Freundeskreis über Ihre Werte schon mal verständigt?

Indem ein Kita-Team sich über Werte und Normen austauscht und über die Bedeutung einzelner Begriffe diskutiert, entwickelt es eine gemeinsame Haltung. Wie können alle angeregt, aufgefordert, unterstützt werden, ihre Meinung zu sagen und mitzubestimmen? Wo will ich, ein Team, eine Familie die Mitbestimmung aller gewährleisten, wo nicht? Die Erzieherin Tanja in der Geschichte von Anna hat den Bezug zu diesen Werten verloren oder ihr Handeln nicht mehr diesbezüglich reflektiert. Die Auseinandersetzung mit persönlichen Werten ist die Basis für darauf abgestimmte transparente pädagogische Ziele. Nach der lebensweltenorientierten Erkundung überlegen die Fachkräfte, in welche Richtung ihre Interaktion, ihre Impulse oder Aktivitäten zielen.

Bildung ist die Förderung von Entwicklung (vgl. Preissing/Heller 2016, 44) mit dem Ziel, dass die Kinder sich als eigenverantwortlich begreifen und Gemeinschaftsfähigkeit entwickeln. Bildungsprozesse sind subjektiv und zugleich aber auch intersubjektiv. Sie finden innerhalb eines bestimmten gesellschaftlichen und sozialen Kontextes statt und sind kulturell geprägt. Bildung ist an sinnstiftende Fragen gebunden: Wer bin ich? Was will ich? Wer sind die anderen? Wo möchte ich hin? Wie löse ich diese Situation? Diese Fragen ergeben sich aus der eigenen Lebenswelt, persönlichen Interessen, momentanen Bedürfnissen und Notwendigkeiten und sind eng verknüpft mit der Konstitution der Identität, des Selbstbildes. Sie werden zum Motor für Auseinandersetzungen mit der Umwelt, weil sie für Menschen subjektiv bedeutsam sind, ebenso die individuellen Antworten darauf. Bildung kann nicht erzwungen werden. Wir können nur bedingt steuern, welches Bild andere sich von der Welt machen, man hat jedoch umso mehr Einfluss, „je mehr man bedeutsame Fragen und eigensinnige und eigenwillige Deutungen aufgreift" (Preissing/Heller 2016, 44). Wir führen unser Wissen und unsere Weltdeutungen zusammen, geben Impulse und bereichern uns dadurch im Idealfall gegenseitig.

Als Orientierung für das pädagogische Handeln und zur Entwicklung der Ziele für die pädagogische Arbeit nutzen wir im Situationsansatz die vier Kompetenzbereiche, die auch in verschiedenen Bildungsplänen beschrieben sind: Ich-, Sozial-, Sach- und lernmethodische Kompetenzen. Die Formulierung solcher Ziele dient der pädagogischen Planung, denn diese Kompetenzen sind nicht konkret messbar. Sie leiten das pädagogische Handeln der Pädagogen/-innen. Die Ziele sollen sicherstellen, dass wir die Themen der Kinder im Auge behalten. Nach vorangegangener Analyse und Erkundung der Situation werden Kompetenzen benannt, welche die Kinder vertiefen/ erweitern/entwickeln sollten, um die Situation zu bewältigen und ihre Forschungsfragen lustvoll zu bearbeiten. Dieser Planungsschritt ist so wichtig, weil er ermöglicht, den Kern der Auseinandersetzung, die den Kindern wichtig ist, zu treffen – und nicht einfach nur verschiedene Aktivitäten anzubieten, die zum Thema passen könnten.

Wie entwickeln Sie Ziele für Ihr pädagogisches Handeln? Woran erkennen Sie, dass Ihr Handeln zu den Zielen passt?

Bildung – kompakt

Sinn, Ausgangspunkt und Inhalt von Bildungsprozessen ist die Aneignung von Welt. Der Situationsansatz unterscheidet dabei drei Ebenen:

1) Sich ein Bild von sich selbst in der Welt zu machen.
2) Sich ein Bild von sich in Beziehung zu anderen in der Welt zu machen.
3) Sich ein Bild vom Weltgeschehen oder von Zusammenhängen in der Welt zu machen.

Bildungsprozesse vollziehen Kinder selbst – in Resonanz und Beziehung und damit beeinflusst von anderen Menschen und Dingen. Pädagogen/-innen begleiten die Bildungsprozesse der Kinder achtsam. Sie erkunden, an welchen Fragen oder Themen Kinder arbeiten, und geben durch Raumgestaltung, Spielanregungen, Projektarbeit, im Alltag und in Gesprächen Impulse, die Kinder in der Auseinandersetzung weiterbringen.

GS 3   Erzieher/-innen analysieren, was Kinder können und wissen und was sie erfahren wollen. Sie eröffnen ihnen Zugänge zu Wissen und Erfahrungen in realen Lebenssituationen.

GS 5   Erzieher/-innen schaffen Voraussetzungen, damit Kinder ihre Spielbedürfnisse realisieren und sich dadurch selbstständig mit ihrer Lebenswirklichkeit auseinandersetzen können.

GS 11 Räume und ihre Gestaltung stimulieren die Selbsttätigkeit der Kinder in einem anregungsreichen Umfeld.

2.2.3 Partizipation: „Demokratie leben von Anfang an"

„Partizipation bedeutet Teilhabe am gesellschaftlichen Reichtum sowie Beteiligung und Mitsprache an Planungs-, Entscheidungs- und Gestaltungsprozessen zu allen wesentlichen Angelegenheiten des Lebens." (Preissing/Boldaz-Hahn 2009, 46) Im Kita-Alltag sollen sich Kinder von Anfang beteiligen und mitentscheiden können, wie ihr Leben gestaltet wird. In vielen Bestimmungen und Gesetzen (z. B. UN-Kinderrechtskonvention, KJHG § 8) ist die Mitwirkung von Kindern und Jugendlichen festgelegt, dennoch hängt der Umsetzungsgrad von der Haltung einzelner Pädagogen/-innen, deren Reflexionsfähigkeit und der jeweiligen Kita-Kultur ab. „Das pädagogische Konzept Situationsansatz ist den folgenden Grundwerten demokratischen Handelns ausdrücklich verpflichtet: Anerkennung des individuellen Strebens nach Selbstbestimmung und Freiheit (Autonomie), Gerechtigkeit durch

Anerkennung gleicher Rechte für alle, wechselseitige Verantwortung von Individuum und Gemeinschaft, gegenseitiger Respekt und das Verbot von Diskriminierung (Solidarität), und nicht zuletzt dem Recht auf Teilhabe (vgl. Grundgesetz, Art. 3 und 6)." (Preissing/Heller 2016, 49)

Durch entsprechende Gestaltung von Interaktionsprozessen und Beteiligung im Alltag können Kinder diese Grundwerte selbst erleben und internalisieren. Dabei gilt es, auf die je unterschiedlichen Äußerungsmöglichkeiten zu achten und unabhängig von Herkunft, Alter oder individuellen Voraussetzungen angemessene Beteiligungsmöglichkeiten für Kinder zu schaffen. Angesichts sich ständig wandelnder Lebenswelten stehen Bildungsinstitutionen vor der Herausforderung, Fähigkeiten und Kompetenzen zu fördern, die es Heranwachsenden ermöglichen, sich in Gegenwart und Zukunft zurechtzufinden und beides aktiv mitzugestalten. Da Kinder ihr Selbstbild und ihre Selbstwirksamkeit ständig mit ihrem sozialen Umfeld abgleichen, ist ein zugewandtes, interessiertes Gegenüber entscheidend. Auch in der Zusammenarbeit mit Eltern und im Team sollte Partizipation eine Rolle spielen – so werden diese Werte Kindern zudem vorgelebt.

Historische „Wurzeln" unseres Verständnisses von Beteiligung und Autonomie finden wir u. a. bei Janusz Korczak und im Konzept der antiautoritären Erziehung. Korczak etablierte in den 1920er- und 1930er-Jahren in Warschauer Waisenhäusern Beteiligungs-, Selbst- und Mitbestimmungsmöglichkeiten, nahm die Kinder mit ihren Sorgen, Ideen, Forschungswegen und Späßen ernst und agierte auf Augenhöhe mit ihnen. In „Wie man ein Kind lieben soll" beschreibt er drei Grundrechte von Kindern. „Das Recht des Kindes auf den heutigen Tag" meint, dass Kinder heute, im Hier und Jetzt, lernen und sich entwickeln und nie nur auf ein Ziel in der Zukunft hin. Damit wandte sich Korczak gegen die gängige schulische Bildung, die Lerninhalte rein an den Zielen einer künftigen Gesellschaft ausrichtete. Kinder sollen sich auf eigenen Wegen in ihrem Leben bewegen, selbst entscheiden, was sie wie tun und wofür sie sich interessieren. „Das Recht des Kindes auf seinen eigenen Tod" bezieht sich darauf, dass Erwachsene Kinder nicht vor allem beschützen können. Sie müssen ihnen Entscheidungen und ein eigenes Leben zutrauen. „Das Recht des Kindes, so zu sein, wie es ist" macht deutlich, dass Kinder eigene Charaktere sind, die es zu respektieren gilt. Es ist wichtig anzuerkennen, welche individuellen Kompetenzen, Ideen und Bedürfnisse Kinder haben, und sie in ihrer Eigenart zu bestärken (vgl. Korczak 2008).

Würden Sie sagen, diese Rechte von Kindern sind heute in unserer Gesellschaft verwirklicht? Inwiefern (nicht)?

Die antiautoritäre Bewegung in den 1970er-Jahren berief sich auf den Respekt vor individuellen kindlichen Denk- und Handlungswegen. Pädagogen/-innen bemühten sich, Kindern nicht ihre eigenen Sichtweisen und Werte aufzupfropfen. Das Machtgefälle zwischen Erwachsenen und Kindern auszusetzen, dieses Experiment scheint aus heutiger Sicht gescheitert. Allerdings haben diese Beispiele extrem freier Erziehung gezeigt, dass es möglich ist, kindliche Autonomie zu wahren. Der Situationsansatz hat daraus gelernt: Erwachsene sollten ihre Erziehungs- und Wertvorstellungen reflektieren und sich klarmachen, wo sie die Wege der Kinder lenken oder einschränken. Sie haben ein anderes Wissen und eine andere Verantwortung als Kinder und müssen diese pädagogische Verantwortung auch übernehmen, allerdings stets im Dialog mit ihnen und im fortwährenden Bemühen, deren Themen, Interessen und Bedürfnisse an oberste Stelle zu setzen.

Es gibt eine individuelle (private) und eine soziale (öffentliche) Komponente der Selbstbestimmung: Autonomie heißt *Selbstbestimmung* über die ureigenen Angelegenheiten, Partizipation heißt *Beteiligung* an allen die Kinder betreffenden Entscheidungen entsprechend ihres Entwicklungsstandes (vgl. Höhme-Serke, Priebe, Wenzel 2012). Beteiligung der Kinder am Kita-Alltag drückt sich vor allem aus in der Selbstbestimmung über den eigenen Körper und „ureigene" Angelegenheiten. Ein Baby dreht den Kopf weg, wenn es nicht mehr essen möchte; ein Kind protestiert, wenn es angezogen wird, ein anderes sagt: „Ich kann das alleine!" – Kinder äußern auf vielfältige Weise, was sie brauchen, wie es ihnen geht und was sie wollen. Wenn andere ihre Wünsche, Ziele und Bedürfnisse respektieren und darauf reagieren, erleben sie, dass sie selbstbestimmt handeln können.

Wie reagieren Sie auf die Signale der Kinder nach Selbstbestimmung – in „idealen" Situationen und in stressigen?

Das Bedürfnis nach Selbstbestimmung haben alle Menschen.

Oft meinen Erwachsenen, besser zu wissen, was Kinder brauchen oder wie sie was wann tun sollten. Nach Hansen, Knauer und Sturzenhecker (2011, 26–31) geht es bei Beteiligung immer um eine Verschiebung von Machtverhältnissen. „Partizipation verlangt unmittelbar, den Kindern als Subjekte zu begegnen, sie als gleichwertige Partner/-innen ernst zu nehmen und mit ihnen in ergebnisoffene Dialoge zu treten." (Hansen/Knauer/Sturzenhecker 2011, 41) Dies bedeutet nicht, alles so zu machen, wie die Kinder es wollen. Vielmehr sollten die Fachkräfte ihre Meinung oder ihr Wissen ins

Gespräch einbringen und so kindliches Lernen anregen und gleichzeitig daraus Schlüsse für ihr pädagogisches Handeln ziehen. Bei jüngeren Kindern ist achtsames, feinfühliges Eingehen auf deren Bedürfnisse erforderlich. So erfahren diese, dass ihre Signale wahrgenommen und beantwortet werden, und erleben die Auswirkungen ihrer „Entscheidungen".

Unser Wissen ist geprägt von persönlichen Erfahrungen, die aber nicht immer auf andere übertragen werden können (vgl. Hansen/Knauer/Sturzenhecker 2011, 77). Die Aufforderung zum Dialog beinhaltet also den pädagogischen Anspruch, persönliche Einschätzungen, Normen und Wissensbestände zu hinterfragen, idealerweise gemeinsam mit den Kindern, etwa wenn eine Pädagogin mit Kindern und einer Hautärztin im Sommer über Sonnenschutz spricht. So können alle gemeinsam ihr Wissen erweitern und die Kinder erleben, wie die Fachkraft sich in einer Lernsituation befindet.

Im Kita-Alltag sind längere Aushandlungsprozesse mitunter nicht leicht, es braucht scheinbar oft schnellere „Ansagen" oder Rahmungen der Erwachsenen, um das Leben zu strukturieren und zu organisieren. Pädagogen/-innen sollten jedoch bereit sein, zu hinterfragen, woher manche Ängste, Sorgen oder „Regeln" kommen, sich auf die Sichtweise der Kinder einlassen und Spielräume von Selbstbestimmung erweitern (Hansen/Knauer/Sturzenhecker 2011, Höhme-Serke/Priebe/Wenzel 2012). Eine wichtige Quelle für den Fokus auf Selbstbestimmung und Beteiligung sind die in der UN-Kinderrechtskonvention (UN-KRK) beschriebenen Kinderrechte, die in drei Bereiche unterteilt (vgl. Liebel 2007, 42 f.) werden können.

Schutzrechte: Kinder haben ein Recht auf Schutz vor körperlicher und seelischer Gewaltanwendung, vor Vernachlässigung u. a. m. (Artikel 19–22, 30 und 32–38 der UN- Kinderrechtskonvention).

Versorgungsrechte/Leistungsgewährung: Kinder haben ein Recht auf Gesundheitsversorgung, Bildung, angemessene Lebensbedingungen, Ernährung, auf eine menschenwürdige Wohnung und auf soziale Sicherheit (Artikel 23–29, 7 und 8 der UN- Kinderrechtskonvention).

Partizipationsrechte: Kinder haben ein Recht, ihre Meinung zu äußern, und auf Zugang zu (kindgerecht präsentierten) Informationen, sie haben ein Recht auf Privatsphäre und persönliche Würde (Artikel 12–17 und 31 der UN- Kinderrechtskonvention).

Kennen Sie den Text der UN-KRK? Kennen die Kinder, mit denen Sie arbeiten, die Kinderrechtskonvention? Was bedeutet es den Kindern, dass diese Rechte festgeschrieben sind?

Selbstbestimmung ist die Basis für alle drei Bereiche, sie braucht den Schutz der Erwachsenen, die Gewährung ausreichender Ressourcen zum Leben, Entwickeln, Lernen und Mitbestimmen.

Kinder erfahren insbesondere in Alltagssituationen, ob Partizipation und Autonomie für sie gewährleistet sind, etwa wenn sie selbst entscheiden können,

* ob, wann, wo, von wem und wie sie eine neue Windel bekommen,
* ob, wann, wo und wie sie essen,
* ob, wann, wo, wie und wie lange sie schlafen,
* ob, wann und wie sie Schleim aus der Nase bekommen,
* ob, wann, wo, wie, mit wem und wie lange sie spielen etc.

In welchen Alltagssituationen gelingt es Ihnen, den Willen des Kindes wahrzunehmen und zu respektieren? In welchen Situationen fällt es Ihnen schwer?

Auch in anderen Situationen in der Kita werden Partizipationsspielräume sichtbar:

* An welchen (Projekt-)Themen möchte ich arbeiten?
* Wohin, wie, wie lange machen wir den Kita-Ausflug?
* Wie sieht der Tagesablauf in der Kita aus?
* Wie gehen wir miteinander um? Und wer entscheidet darüber? Etc.

Neben dieser Mitbestimmung, die den Kindern von Erwachsenen zugestanden wird, gilt es, ihren Widerspruchsgeist und ihre Beteiligungslust zu wecken und zu stärken sowie die Bereitschaft, sich für sich selbst und andere einzusetzen. Pädagogen/-innen und Kinder überlegen gemeinsam, was sie tun können, um die gesetzten Ziele zu erreichen. Pädagogische Fachkräfte haben nicht immer Antworten parat. Sie müssen mit den Kindern gemeinsam danach suchen. Korczak meint dazu:

„Ich ahne viele Fragen, die auf eine Antwort warten, Zweifel, die eine Erklärung suchen. Und ich antworte: Ich weiß es nicht. Jedes Mal, wenn du ein Buch fortgelegt hast und beginnst, den Faden eigener Gedanken zu spinnen, hat das Buch seinen beabsichtigten Zweck erreicht. Wenn du beim schnellen Blättern nach Vorschriften und Rezepten suchen solltest, wenn du unwillig darüber bist, dass es nur wenige sind – so wisse, wenn du Ratschläge und Hinweise findest: Dies ist nicht mit dem Willen des Autors geschehen, sondern gegen diesen" (Korczak 2008, 1).

Partizipation – kompakt

Kinder haben ein Recht auf Schutz, Versorgung und Beteiligung (UN-Kinderrechtskonvention). Partizipation und Autonomie hängen eng zusammen. Kinder können ihre Bedürfnisse und Interessen äußern und erleben, dass sie in ihren Entscheidungen und in ihrem Verhalten unterstützt und respektiert werden. So erleben sie sich als selbstwirksam und können ihr Recht auf und ihre Verantwortung für die aktive Beteiligung in der Gemeinschaft wahrnehmen. Erwachsene sollen Kindern ihr Recht auf Partizipation zugestehen und nach Möglichkeiten im Kita-Alltag suchen, Kinder selbst entscheiden zu lassen. Partizipation heißt auch, Eltern in allen sie oder ihre Kinder betreffenden Angelegenheiten einzubeziehen. Kinder, Eltern und Erzieher/-innen sollen sich gleichberechtigt und verantwortlich an dem demokratisch gestalteten Leben in der Kita beteiligen können.

GS 7   Erzieher/-innen unterstützen Kinder darin, das Leben in der Kindertageseinrichtung aktiv mitzugestalten.

GS 8   Im täglichen Zusammenleben findet eine bewusste Auseinandersetzung mit Werten und Normen statt. Regeln werden gemeinsam mit Kindern vereinbart.

GS 13 Eltern und Erzieher/-innen sind Partner in der Betreuung, Bildung und Erziehung der Kinder.

2.2.4 Inklusion: „Alle Kinder sind gleich, jedes Kind ist besonders."

„Demokratie wird als ein Prozess von Aushandlungen zwischen Menschen verstanden, deren Lebensverhältnisse ungleich sind. Ob dieser Prozess ein demokratischer ist, hängt davon ab, ob alle das gleiche Recht und die gleiche Möglichkeit beanspruchen können, sich an den sie betreffenden Auseinandersetzungen und Entscheidungen gemäß ihrer Interessen und Fähigkeiten zu beteiligen." (Preissing/Boldaz-Hahn 2009, 47)

Ursprünglich hieß die theoretische Dimension „Gleichheit und Differenz". In den letzten Jahren wurde im Situationsansatz durch die Entwicklung und Arbeit mit der Vorurteilsbewussten Bildung und Erziehung ein breites Inklusionsverständnis entwickelt und die theoretischen Ausführungen in Richtung dieses Konzeptes formuliert. Um dieser Dynamik gerecht zu werden, nutzen wir in diesem Buch den Begriff „Inklusion" als Titel für die theoretische Dimension. Es gilt, die verschiedenen Positionen, Fähigkeiten und Interessen wahrzunehmen und geeignete Instrumente zu finden, um allen Beteiligungschancen zu eröffnen. In Kitas gibt es eine große Bandbreite von Einstellungen, Kulturen, Werten und sichtbaren Unterschieden. Diese Unterschiede beschäftigen die Kinder, sie sind Teil ihres Alltags und sie brauchen die Möglichkeit, sich damit auseinanderzusetzen, sich selbst in ihrer Identität und ihren Bezugsgruppen wahrzunehmen. Dazu gehört, Gemeinsamkeiten und Unterschiede zwischen Menschen zu beschreiben. Aufgrund äußerer Merkmale wie Hautfarbe, Herkunft, Religion oder Sprache erleben bereits Kinder Ausgrenzung und Diskriminierung. Das beeinflusst ihr Selbstbild und führt zu ungleichen Zugängen zu Wissen und Entwicklungsmöglichkeiten. Fachkräfte haben im Situationsansatz den Auftrag, dem bewusst aktiv entgegenwirken.

„Die besondere Herausforderung für Kindertageseinrichtungen besteht darin, das Spannungsverhältnis zwischen der ‚Gerechtigkeit der Gleichheit' (gleiche Bildung für alle Kinder) und der ‚Gerechtigkeit der Differenz' (unterschiedliche Bildungsangebote für unterschiedliche Kinder) ausgewogen zu halten und Unterschiede zu thematisieren, ohne Kinder und ihre Familien zu stigmatisieren." (Preissing/Heller 2016, 52 f. in Anlehnung an Klafki)

Inklusion ist ein bestimmter Umgang mit Vielfalt: Alle Menschen sollen Gemeinschaft bilden können unter Berücksichtigung und Wahrung der jeweiligen Besonderheiten und mit Respekt vor etwaigen Verschiedenheiten. Ein Bildungsort verändert sich, je nachdem, welche Menschen gerade Teil des Systems sind. In Abgrenzung zur Integration illustriert folgende Grafik, was Inklusion bedeutet:

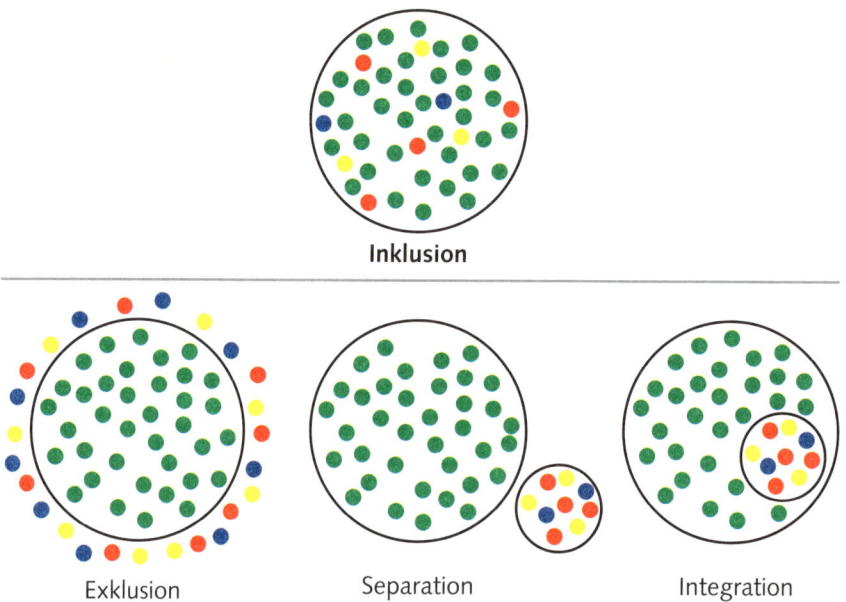

Inklusion

Exklusion Separation Integration

Exklusion ist die Konstruktion eines/-r „Anderen" durch die Mehrheit; dabei definiert eine vermeintlich homogene Gruppe, was die Merkmale dieser Gruppe ausmachen, wer dazugehört und wer eben nicht. Oft werden diese Merkmale (typischerweise in Deutschland: helle Hautfarbe, Deutsch als Erstsprache, Zuordnung zum männlichen oder weiblichen Geschlecht, bei Kindern Entwicklung im Rahmen der Normkurve der Kinderärzte/-innen etc.) als „normal" beschrieben. Implizit geht das oft mit der Forderung einher, dass die „Anderen" sich an die Norm anpassen sollen, um Teil der Gruppe zu werden.

Welche verschiedenen Merkmale machen Sie als Person aus? Und welche Zugehörigkeiten kennen Sie von den Kindern?

Birgit Rommelspacher bezeichnet diese Haltung als „Dominanzkultur". Das bedeutet, „dass unsere ganze Lebensweise, unsere Selbstinterpretationen sowie die Bilder, die wir von anderen entwerfen, in Kategorien der Über- und Unterordnung gefasst sind" (Rommelspacher 1995, 22). Diese Vorstellungen von Über- und Unterordnung werden sowohl von Angehörigen der Mehrheitsgesellschaft wie auch der Minderheiten verinnerlicht und an nachfolgende Generationen weitergegeben: Kinder erwerben früh Wissen um die vorherrschende Dominanzkultur, in die sie sich selbst und andere einordnen. Diese Prozesse laufen meist unbewusst ab: „‚Automatisch' setzt sich eher die dominante Kultur der deutschen gesellschaftlichen Mehrheit durch. Weil in ungleichen Machtverhältnissen ohne bewusste Steuerung das Zusammensein von Menschen mit unterschiedlichen Familien- und Kommunikationskulturen mit großer Wahrscheinlichkeit die herrschenden Machtverhältnisse reproduziert. Zu der alle beitragen, die Dominanten wie die Unterdrückten. Ohne sich dessen bewusst zu sein" (Wagner 2013).

Im Gegensatz dazu geht Inklusion davon aus, dass es keine homogenen Gruppen gibt, sondern dass jeder Mensch verschiedenen Gruppen angehört und sich durch eine individuelle Ausprägung auszeichnet. Deswegen gibt es im Inklusionsbild keine Gruppe von Punkten, die man isolieren könnte. Jede/-r wird als eigen-artiges Wesen wahrgenommen. Definitionen von „Wir" und „die Anderen" haben in der Gemeinschaft keinen Platz.

Welche Eigenschaften, die alle teilen, gibt es in Ihrer Kindergruppe? Überlegen Sie auch mit den Kindern.

Die UNESCO definiert inklusive Bildung als einen „Prozess, der die Kompetenzen im Bildungssystem stärkt, die notwendig sind, um alle Lernenden zu erreichen. Inklusive Bildung geht auf die verschiedenen Bedürfnisse von Kindern, Jugendlichen und Erwachsenen ein. Erreicht wird dies durch verstärkte

Partizipation an Lernprozessen, Kultur und Gemeinwesen, sowie durch eine konsequente Reduktion von Exklusion in der Bildung. Dazu bedarf es Veränderungen in den Inhalten, Ansätzen, Strukturen und Strategien im Bildungswesen. Diese Veränderungen müssen von einer gemeinsamen Vision getragen werden, die alle Menschen einbezieht und die von der Überzeugung getragen wird, dass es in der Verantwortung des regulären Systems liegt, alle Lernenden angemessen zu unterrichten." (Deutsche UNESCO-Kommission e. V. 2014, 9)

Mit dem Begriff „Familienkulturen" nutzt die Vorurteilsbewusste Bildung und Erziehung ein wertvolles Instrument, um die Vielfalt in einer Kita zu benennen und die vielfältigen Merkmale von Familien zu verstehen. Familienkulturen sind „das jeweils einzigartige Mosaik aus Gewohnheiten, Deutungsmustern, Traditionen und Perspektiven einer Familie, in das auch ihre Erfahrungen mit Herkunft, Sprache(n), Behinderungen, Geschlecht, Religion, sexueller Orientierung, sozialer Klasse, mit Ortswechsel, Diskriminierung oder Privilegierung eingehen" (Wagner 2014, 20). Jede Familie hat ihren eigenen Weg, mit ihren Lebensumständen umzugehen. Pädagogen/-innen sollten offen dafür sein und erkunden, was den einzelnen Familien wichtig ist. Im Sinne der Vorurteilsbewussten Bildung und Erziehung lehnt der Situationsansatz es ab, den Begriff „Kultur" zu verallgemeinern und auf eine größere Gruppe zu beziehen, denn damit sind immer bestimmte, oft stereotype Zuschreibungen verbunden.

Wie gestalten Sie in Ihrer Familie Ihr Frühstück? Wie ist das bei den Familien der Kinder?

In der Auseinandersetzung um Diversitätsbewusstsein werden Kompetenzen von Fachkräften beschrieben, die diesen komplexen Begriff reflektieren:

* Fachkräfte „erkennen die unterschiedlichen Identitätsmerkmale und Bezugsgruppenzugehörigkeiten von Menschen, insbesondere diejenigen, die sich deutlich von ihren eigenen unterscheiden;

* Sie erkennen an, dass die Welt aus gänzlich anderer Perspektive als der eigenen zunächst nicht erschließbar ist, sondern es einer bewussten Anstrengungen bedarf, um die ‚blinden Flecken' der eigenen Wahrnehmung auszuleuchten;

* Sie wissen, dass dies insbesondere für Angehörige der dominanten Gruppen einer Gesellschaft zutrifft, zu deren Privilegien es gehört, die Lebenslagen und Sichtweisen unterdrückter und marginalisierter Gruppen der Bevölkerung nicht wahrzunehmen oder zu relativieren;

* Sie erkennen an, dass die Erweiterung von Perspektiven über Irritationen ermöglicht wird, die meist von außen kommen und Verunsicherung auslösen;

＊ Sie erfahren, dass Verunsicherungen und Irritationen produktiv gewendet werden können für wichtige Erkenntnisse um Diversität, sofern sie als Anlass für Reflexionen gemeinsam mit anderen genutzt werden." (Wagner 2012)

Was lösen diese Kriterien bei Ihnen aus? Diskutieren Sie im Team.

Für das pädagogische Handeln zeigen die folgenden vier Ziele Vorurteilsbewusster Bildung und Erziehung, wie eine inklusive Pädagogik in der Kita umgesetzt werden kann.

Ziel 1: Alle Kinder in ihren Identitäten stärken. Jedes Kind findet Anerkennung und Wertschätzung als Individuum und als Mitglied einer bestimmten sozialen Gruppe, insbesondere seiner Familie. Dazu gehören Selbstvertrauen und Wissen um den persönlichen Hintergrund. In der pädagogischen Praxis zeigt sich dies etwa in der Raumgestaltung (Fotos, Spielgegenstände, mehrsprachige Bilderbücher/Plakate), welche die Vielfalt der Familienkulturen spiegelt (vgl. Institut für den Situationsansatz/Fachstelle Kinderwelten 2016, Kobelt Neuhaus 2017).

Ziel 2: Allen Kindern Erfahrungen mit Vielfalt ermöglichen. Auf der Basis einer gestärkten Ich- und Bezugsgruppen-Identität sollen Kinder aktiv und bewusst Erfahrungen mit Menschen machen, die anders aussehen und sich anders verhalten als sie selbst, sodass sie sich mit ihnen wohlfühlen und Empathie entwickeln können.

Ziel 3: Kritisches Nachdenken über Gerechtigkeit und Fairness anregen. Das kritische Denken über Vorurteile, Einseitigkeiten und Diskriminierungen anzuregen heißt auch, mit Kindern über Sprache und Sprachgebrauch zu reflektieren und sich darüber zu verständigen, was fair und was unfair ist.

Ziel 4: Aktiv werden gegen Unrecht und Diskriminierung. Kritisch denkende Kinder werden ermutigt, sich aktiv und gemeinsam mit anderen für Gerechtigkeit einzusetzen und sich gegen einseitiges oder diskriminierendes Verhalten zur Wehr zu setzen, das gegen sie selbst oder andere gerichtet ist (vgl. zur Vertiefung: Institut für den Situationsansatz/Fachstelle Kinderwelten 2004). Im alltäglichen Handeln erfordert dies kleinteilige Erkundungen und Einzellösungen, in denen familienkulturelle Werte ihren Platz haben.

Inklusion kompakt

„Alle Kinder sind gleich, jedes Kind ist besonders." Hierin wird die Bandbreite der Dimension deutlich. Alle Kinder haben ein Recht auf den Zugang zu und auf bestmögliche Bildung. Alle Kinder haben ein Recht auf ein Leben ohne Diskriminierung und auf Schutz vor Diskriminierung. Es gilt, Unterschiede zwischen den Kindern und individuelle Stärken sensibel wahrzunehmen und die Kinder in ihrer Identitätsentwicklung zu fördern. Pädagogisches Handeln sollte sich nach den vier Zielen der Vorurteilsbewussten Bildung und Erziehung richten. Im ersten Ziel geht es darum, Kinder in ihrer Identität zu stärken, wozu die Anerkennung ihrer Vorerfahrungen und Familienkulturen gehört. Das zweite Ziel ist, Kindern Erfahrungen mit Vielfalt zu ermöglichen, indem sie sie aktiv und bewusst erleben. Das dritte Ziel ist, kritisches Denken über Vorurteile, Einseitigkeiten und Diskriminierung anzuregen. Das vierte Ziel besteht darin, Kinder darin zu unterstützen, sich gegen Einseitigkeiten und Diskriminierung zu wehren.

GS 4 Erzieher/-innen unterstützen Mädchen und Jungen in ihrer geschlechtsspezifischen Identitätsentwicklung und wenden sich gegen stereotype Rollenzuweisungen und -übernahmen.

GS 6 Erzieher/-innen ermöglichen, dass jüngere und ältere Kinder im gemeinsamen Tun vielfältige Erfahrungen sammeln und einbringen können.

GS 9 Die Arbeit in der Kindertageseinrichtung orientiert sich an Anforderungen und Chancen einer Gesellschaft, die durch verschiedene Kulturen geprägt ist.

GS 10 Die Kindertageseinrichtung integriert Kinder mit Behinderungen, unterschiedlichen Entwicklungsvoraussetzungen und Förderbedarf und wendet sich gegen Ausgrenzung.

2.2.5 Einheit von Inhalt und Form: „Die Kita als lernende Organisation"

„Zum pädagogischen Handeln im Situationsansatz gehört eine reflektierte Haltung gegenüber Menschen und der pädagogischen Arbeit." (Preissing/ Heller 2016, 58) In der theoretischen Dimension „Einheit von Inhalt und Form" geht es nun darum, die genannten vier theoretischen Dimensionen auf die Institution und Organisation zu übertragen und das Handeln der Pädagogen/-innen kritisch zu hinterfragen. In der Kita machen Kinder erste Erfahrungen mit dem Zusammenleben mit Menschen außerhalb der Familie und gewinnen Einblicke in die Regeln der Gesellschaft. Dies geschieht auch über die Organisation der Gemeinschaft. „Die Art und Weise des Aushandelns, der gegenseitigen Wertschätzung, die Art und Weise, Kritik zu äußern und anzunehmen sowie die allgemeinen Umgangsformen gehören zum unmittelbaren Bildungsumfeld der Kinder." (Senatsverwaltung für Bildung, Jugend und Sport 2014, 169) Kitas leisten damit einen Beitrag zur Kultur des Aufwachsens von Kindern: einerseits indem sie ihnen bestimmte Werte und Vorstellungen über die Welt vermitteln. Andererseits dadurch, dass Kinder erleben, welche Werte und Normen die Organisationskultur und das tägliche Miteinander in der Einrichtung ausmachen. „Die Institution Kindertagesstätte, so wie sie funktioniert, so wie ihr Alltag gestaltet wird, wirkt auf die Bildungsprozesse der Kinder – vermutlich mehr und dauerhafter als alle beabsichtigten pädagogischen Anregungen zusammen." (Senatsverwaltung für Bildung, Jugend und Sport 2004, 122)

Inhalt (Werte und Themen) und Form (Rahmenbedingungen, Organisationsstruktur und Methoden) beeinflussen einander. Qualität im Sinne des Situationsansatzes entsteht, wenn inhaltliche Arbeit und strukturelle Gestaltung einer Einrichtung ein schlüssiges Ganzes ergibt. Für die Institution Kita ergeben sich daraus folgende Fragen: Werden Strukturen, Rahmenbedingungen, Leitbild und Grundeinstellungen den beschriebenen Dimensionen gerecht und unterstützten sie die Umsetzung der pädagogischen Ziele?

Welche Strukturen und Rahmenbedingungen unterstützen Sie in Ihrer Arbeit? Welche behindern Sie?

Mathias Urban u.a. haben in der CoRe-Studie (2011) im Auftrag der Europäischen Kommission ein Modell entwickelt, das der Vielschichtigkeit und politischen Verantwortung des Situationsansatzes gerecht wird. In einem „kompetenten System" arbeiten alle Ebenen zusammen, um die pädagogischen Ziele umzusetzen. Urban zufolge (2014) wird Kompetenz nicht an den Qualitäten oder Fähigkeiten einzelner Praktiker/-innen festgemacht, sondern charakterisiert das Kita-System als Ganzes. Demnach ist nie nur eine Person für das Gelingen oder Misslingen einer Situation verantwortlich, diese setzt sich vielmehr aus vielen verschiedenen Einflussfaktoren und den Akteuren innerhalb eines Systems zusammen (vgl. auch Bateson 1981). Dies kennt man aus der systemisch-therapeutischen Arbeit: Wenn ein Kind ein „problematisches" Verhalten an den Tag legt, werden die wichtigsten Bezugssysteme – Familie und ggf. Kita – angeschaut und mit-„behandelt". Man sucht also die Ursache für ein Verhalten in den Beziehungen zu anderen Teilen des Systems und verändert diese Beziehungen dann (vgl. z.B. Juul 2012). In Bezug auf das System Kita gilt das Gleiche. Pädagogen/-innen agieren stets im Zusammenspiel mit Kindern, Eltern, Kollegen/-innen und Leitung, vor dem Hintergrund gesetzlicher Rahmenbedingungen und gesellschaftlicher Zuschreibungen, mit ihrem Wissen aus Aus- und Weiterbildung und nicht zuletzt aus einem subjektiven Gefühl von Wohlbefinden und Zugehörigkeit heraus. Kompetenz als Charakteristik des Systems zu beschreiben, nimmt die alleinige pädagogische Verantwortung von den Schultern der Fachkräfte. Sie zeigt auf, wo es im System knarzt und welche Machtverhältnisse wie ausgelebt werden. Dabei liegt der Fokus auf der Beziehungsgestaltung, die die Akteur/-innen reflektieren und ggf. gemeinsam weiterentwickeln können.

Wie gestalten Sie Ihre Beziehungen mit Eltern, dem Träger und im Team untereinander?

Die CoRe-Studie beschreibt drei für die Reflexion hilfreiche Komponenten dieses Kompetenzbegriffs:

* **Werte:** Handeln ist immer eingebettet in bestimmte Werte und Einstellungen dazu, wie die Welt funktioniert und wie bestimmte Situationen eingeschätzt werden.

* **Wissen:** Handeln ist stets beeinflusst davon, was die Handelnden über die Situation wissen, welche Fachkenntnisse und Vorerfahrungen sie haben.

* **Praktiken:** Menschen entwickeln bestimmte Vorgehensweisen in bestimmten Situationen, die sie quasi automatisch abspulen.

Zentral für die Arbeit in der Kita sind die Reflexion und der Austausch im Team. Dabei werden Situationen in ihrer Komplexität begriffen und analysiert (vgl. Lebensweltenorientierung, Planungsschritt 1), Beziehungen stehen im Fokus, Schuldzuweisungen werden vermieden, Ressourcen werden gesucht. Dies sollte sich auch in den Beziehungen zu anderen Ebenen im System widerspiegeln: Kita-Leitung und Team arbeiten gemeinsam; Aufgaben sind klar verteilt; Leitungskräfte unterstützen Pädagogen/-innen, indem sie ihnen Handlungsspielräume lassen, sich als Reflexionspartner/-innen anbieten und auf Herausforderungen aufmerksam machen. Bestimmte methodische Vorgehensweisen erleichtern die angestrebte Einheit von Inhalt und Form. Insbesondere die Arbeit in Planungsschritten entschleunigt pädagogisches Handeln und schafft Raum für den analytisch-umfassenderen Blick, um Beziehungen, Situationen und Verflechtungen zu beschreiben. Im Kapitel zur theoretischen Dimension Lebensweltenorientierung (3.1.1) wird der erste Planungsschritt, die Erkundung, dargestellt. Daraus leiten sich Ziele ab, die das pädagogische Handeln leiten (vgl. theoretische Dimension Bildung, Kapitel 3.1.2). In den Kapiteln zur Partizipation sowie Inklusion werden grundlegende Handlungsmaximen dargestellt, die sich in allen pädagogischen Prozessen wiederfinden

(Kapitel 3.1.3 und Kapitel 3.1.4). In der Erörterung der theoretischen Dimension Einheit und Inhalt und Form findet nun die Reflexion als vierter Planungsschritt ihren Platz. Pädagogen/-innen denken immer wieder über das Tätigsein der Kinder, ihre Bedürfnisse und Interessen und unterstützende Aktivitäten oder Rahmenbedingungen wie zusätzliches Material nach. Der Situationsansatz erhebt den Anspruch, dass diese Reflexion strukturiert und umfassend erfolgt. Fachkräfte nehmen sich regelmäßig Zeit, ihr pädagogisches Handeln in Bezug auf die gesetzten Ziele zu reflektieren: Was haben sie getan, um diese Ziele zu erreichen? Was haben sie erreicht, was nicht? Warum hat es geklappt/nicht geklappt? Wie ist der Prozess aus Sicht der Kinder gelaufen? Ist es gelungen, die Kinder bei jedem Schritt einzubeziehen?

Welche (Zeit-)Räume für Reflexion haben Sie – für sich selbst, im Gruppenteam, im Kita-Team, mit Pädagogen/-innen aus anderen Kitas?

Dadurch können sie bereits im laufenden Geschehen umsteuern, neue Impulse setzen oder sich darüber klar werden, welche Maßnahmen funktionieren und welche nicht. Die Reflexion nimmt stets Bezug zu den Erkundungen, wobei die Ausgangsbedingungen mitunter neu betrachtet werden. Auch die eigene Sicht auf das Thema/die Problematik kann sich im Laufe der Bearbeitung einer Schlüsselsituation ändern. Pädagogen/-innen müssen sich ihr Handeln immer wieder bewusst machen, es verbalisieren, gegebenenfalls infrage stellen und neue Handlungsstrategien ausarbeiten. So entwickeln sie sich individuell weiter und sind damit Vorbild für Kinder und Eltern. Damit wird auch ihre Kompetenz, Eltern und anderen ihre pädagogische Arbeit zu erklären und zu begründen, gefördert. Nicht zuletzt dient die Reflexion dazu, Gelungenes zu würdigen und Misslungenes zu verbessern.

Die gemeinsame kontinuierliche Arbeit an der Konzeption ist ein weiterer Baustein zur Sicherung pädagogischer Qualität. In der Auseinandersetzung mit pädagogischen Fragen entwickeln sich Teams gemeinsam weiter und verbinden fachliche Grundsätze mit pädagogischem Handeln. Sie berücksichtigen die Lebenswelten der Kinder und beschreiben konkret und grundlegend, wie sie den Situationsansatz in ihrer Praxis umsetzen.

Seit dem Projekt „QuaSi – Qualität im Situationsansatz" (2000–2006) hat die Qualitätsentwicklung durch interne und externe Evaluation einen festen Platz in Organisationen, die nach dem Situationsansatz arbeiten. Im „QuaSi-Buch" (Preissing/Heller 2016) sind 16 konzeptionelle Grundsätze mit Qualitätsansprüchen und Qualitätskriterien als Folie zur Selbstreflexion aufgeführt. Nach der Selbstreflexion geht es in den Austausch mit dem Team: Wie setzen wir diesen Qualitätsanspruch um? Was gelingt uns gut, wo gibt es Entwicklungsbedarf? So entwickelt die Kita als lernende Organisation eine gemeinsame Strategie, ein gemeinsames Erscheinungsbild nach außen, mit dem sich alle identifizieren. Die interne Evaluation endet mit einem Maßnahmenplan, wer was mit wem bis wann erledigt, und damit, dass die Ergebnisse und Entwicklungen Eingang in die Konzeption finden.

Diese Entwicklungsprozesse werden durch eine Außensicht unterstützt: Ein/-e externe/-r Evaluator/-in erhebt die verschiedenen Perspektiven, um den aktuellen Stand und die Entwicklungspotenziale der Kita beschreiben zu können. Sie/er spricht mit Eltern, Kindern, Pädagogen/-innen, der Leitung, dem Träger, analysiert vorhandene Dokumente und führt Beobachtungen durch. In einem Evaluationsbericht und einem Auswertungsgespräch werden die verschiedenen Perspektiven zusammengeführt und dem Team zugänglich gemacht. Die/der externe Evaluator/-in beschreibt als „kritische/-r Freund/-in" klar und deutlich, was sie/er beim Besuch und in den Gesprächen wahrgenommen hat, was die Umsetzung der konzeptionellen Grundsätze befördert und was sie/er als Herausforderungen für das Team sieht. Welche Aspekte das Team dann aufgreift und wie es seine Arbeit weiterentwickelt, liegt in der Verantwortung der einzelnen Kita.

Die Kita-Leitung ermöglicht und steuert die Reflexion, Konzeptionsentwicklung und Qualitätsentwicklung in engem Kontakt zu den verschiedenen Akteuren in der Kita und mit Träger oder Kommune.

Unterschiede im Team werden wahrgenommen. Eine Einigung auf pädagogische Grundsätze und eine Haltung Kindern und Familien gegenüber bedeutet nicht, dass alle gleich handeln müssen. Die Fachkräfte in einem Team haben individuell unterschiedliche Lebenserfahrungen und Wissensbestände, die respektiert und als Ressource genutzt werden. Die Vielfalt von Erfahrungen und Meinungen dient als Schatz und fördert einen dialogischen Aushandlungsprozess, der Entwicklung für alle ermöglicht (vgl. Kapitel 3.3.7).

Einheit von Inhalt und Form – kompakt

Die Ziele der theoretischen Dimensionen Lebensweltenorientierung, Bildung, Partizipation und Inklusion sollen sich auch in der Struktur der Kitas spiegeln. Kitas sind gefordert, den gesellschaftlichen Wandel und die Lebenssituationen der Kinder zu analysieren und ihre Arbeit darauf aufzubauen. Sie haben die Aufgabe, Strukturen zu verankern, die auf Veränderungen und Entwicklung ausgelegt sind. Der Situationsansatz ist institutionenkritisch. Das erfordert Mut, etablierte Strukturen zu hinterfragen und Veränderungen anzustreben, und zwar nicht nur in der unmittelbaren pädagogischen Arbeit, sondern in der gesamten Einrichtung, inklusive Öffnungszeiten, Raum- und Gruppenstrukturen, Arbeitszeitgestaltung, Lern- und Dialogkultur im Team und Zusammenarbeit mit dem Träger.

GS 12 Erzieher/-innen sind Lehrende und Lernende zugleich.

GS 15 Die pädagogische Arbeit beruht auf Situationsanalysen und folgt einer prozesshaften Planung. Sie wird fortlaufend dokumentiert.

GS 16 Die Kindertageseinrichtung ist eine lernende Organisation.

3 Der Situationsansatz in der Praxis

Der Situationsansatz bezieht sich auf aktuelle Lebenssituationen von Kindern – und ihren Familien. Fachkräfte analysieren im Diskurs mit den Kindern, dem Team oder den Eltern Schlüsselsituationen und damit verbundene Lebensthemen. Dabei bleibt das zentrale Anliegen des Situationsansatzes, dass Tätigkeiten und Themen, die in einer Kindertageseinrichtung angegangen werden, von der kindlichen Erfahrung ausgehen und deshalb für die Kinder einsehbar und sinnvoll sind. Immer wieder sollten sich Erwachsene vergewissern, dass sie die Lebenswelt Kita „mit den Augen der Kinder sehen". Es geht eben nicht darum, dass Erwachsene den Kindern etwas eintrichtern, sondern darum, dass Kinder exemplarisch Fähigkeiten und Kenntnisse erwerben, die sie auch für zukünftige Anforderungen des Lebens wappnet. Die Lebensnähe spricht das Interesse und die Einsicht der Kinder an. So erwerben sie Kompetenzen, die sie in ihrem Lebensumfeld stärken und selbstsicherer machen.

3.1 Planung

Der Begriff „Situation" lässt Menschen, die mit dem Ansatz nicht vertraut sind, vermuten, man würde „aus der Situation heraus", situativ, handeln. Doch das Gegenteil ist der Fall. Kaum ein pädagogischer Ansatz kennt eine so stark individualisierte und auf Lebens- und Familienlagen zugeschnittene Planung wie der Situationsansatz.

Frau M., Leiterin der Kita Regenbogen, begrüßt das Team nach der Sommerschließung zur Jahresplanung. Die Erzieher/-innen wissen, welche Kinder neu in ihre Bezugsgruppe kommen werden, und haben alle neuen Kinder und deren Eltern vor den Sommerferien kennengelernt. Zehn der neu aufgenommenen Kinder sprechen zu Hause nicht Deutsch und gehören unterschiedlichen Kulturkreisen an. Sie sind überwiegend nach Deutschland geflohen. Das Team überlegt, wie die Ankommenssituation für diese Kinder und ihre Eltern sein müsste, damit sie sich wohlfühlen. Erfahrungen mit anfänglichen Verständigungsschwierigkeiten, zur Verfügung stehende Materialien (Bilder, Fotos, Symbolkarten, Übersetzungshilfen etc.) und Informationen über die Lebensumstände der Familien werden ausgetauscht. Diese Erkenntnisse sowie entwicklungspsychologisches Wissen über kindliche Entwicklungsphasen helfen den Fachkräften, den Kindern von Anfang an eine Umgebung zu bieten, in welcher sie sich schnell zurechtfinden.

Am Anfang jeder planerischen Diskussion steht jeweils das Erkunden.

3.1.1 Erkunden: Situationsanalyse

Der erste Planungsschritt im Situationsansatz ist das „Erkunden". „Wichtig ist eine an einem erkenntnisleitenden Interesse orientierte Theoriebildung. Die Analyse kann im Diskurs mit innersituativ Handelnden sowie durch die Erschließung von situationsrelevanten Wissensbeständen und Erfahrungen aus anderen Quellen durchgeführt werden." (Zimmer 2013) Das erkenntnisleitende Interesse im obigen Beispiel ist, Familien willkommen zu heißen und ihnen ein Umfeld zu bieten, worin sie sich mit ihren Ressourcen und Kompetenzen einbringen können. Dazu greifen Fachkräfte auf wissenschaftliche Erkenntnisse im Zusammenhang mit Einwanderung und Inklusion zurück. Sie machen sich im Vorfeld Gedanken, wie man zugewanderte Familien von Anfang an stärken könnte, und stellen Hypothesen auf, was der jeweiligen Familie helfen könnte, sich willkommen zu fühlen und selbstwirksam zu bleiben. Die Situationsanalyse findet im Team und/oder im Dialog mit den Geflüchteten und anderen Expert/-innen statt (vgl. auch Kapitel 2.2).

Menschen mit Fluchthintergrund haben unterschiedliche, oft schwierige Erlebnisse hinter sich – den Verlust von Hab und Gut, den Abschied von Verwandten, Exklusionserfahrungen oder lebensgefährliche Situationen. Verdrängung, Traumata, Depressionen oder Trauer, Angst vor dem Unbekannten und vor Ausweisung sind nur einige Probleme, die sich auch in den Kitas bemerkbar machen. Um im Sinne einer Willkommenskultur Verständigungsmöglichkeiten zu schaffen, muss man sich mit den möglichen Bedürfnissen der Familien auseinandersetzen und überlegen, wie die Ressourcen der Kinder und Eltern (re-)aktiviert werden können.

✳ Welche Bedeutung hat der Besuch einer Kindertageseinrichtung für zugewanderte Familien, Alleinerziehende, Familien mit vielen oder nur einem Kind usw.?

✳ Welchen Herausforderungen stellen sich Kinder aus Familien mit Fluchthintergrund, die eine Kindertageseinrichtung besuchen?

Manche Eltern geben ihre Kinder ungern ab, weil sie sich nicht sicher sind, ob es ihnen in der Kita gut geht. Einige geflüchtete Eltern haben keine Erfahrungen mit Kindertageseinrichtungen. Sie denken, das ist wie in der Schule, wo das Kind am Tor Expert/-innen übergeben und später wieder abgeholt wird. Andere wollen, dass die Kindertageseinrichtung fördert und fordert, und sind enttäuscht, wenn die Kinder „nur" spielen. Manche Kinder stehen auch als Übersetzende für ihre Eltern zwischen zwei Erziehungsinstanzen, was ebenfalls problematisch sein kann. Es gilt also herauszufinden, was Eltern mit der Kindertageseinrichtung verbinden.

* Was erwarten die Familie, die Eltern oder das Kind vom Besuch der Kita?
* Welche Erfahrungen und Kompetenzen bringen die Kinder mit? Was können sie gut, was interessiert sie, was befürchten sie?
* Was kann ich als Fachkraft tun, um die Ankommenssituation gut vorzubereiten?

Erste *Theorien oder Hypothesen* über die Situation müssen im Verlauf der Planung immer wieder auf ihre Stimmigkeit überprüft werden. Auch gute Planung schützt nicht vor Überraschungen. Je genauer Ressourcen und Bedürfnisse der Kinder analysiert und mit den Bedingungen in der Einrichtung abgeglichen werden, umso höher ist die Wahrscheinlichkeit, dass die Kinder und ihre Eltern spüren, dass es der Einrichtung wichtig ist, sie verstehen und es nicht ‚besser wissen' zu wollen.

3.1.2 Entscheiden: Zielbestimmung

Der zweite Schritt besteht in der Überlegung, was an dieser Situation unter pädagogischen Gesichtspunkten wichtig ist und welche pädagogischen Handlungsziele man damit verbinden kann. Welche Anforderungen stellt die Situation an ein Kind? Was müsste es können, um handlungsfähig zu bleiben? Was soll erreicht werden? Aus der Situationsanalyse ergeben sich Erkenntnisse, die sich in der Formulierung pädagogischer Ziele niederschlagen. Oft müssen Fachkräfte sich entscheiden, worauf sie aktuell besonders Wert legen wollen und können bei der Unterstützung von Kindern und Eltern. Beim Beispiel der Ankommenssituation wollen Fachkräfte vielleicht vor allem die Aneignung der erforderlichen Kompetenzen fördern. Indem sie Kindern/Eltern Instrumente an die Hand geben, sich schnell und einfach verständlich zu machen, sollen diese exemplarisch für kommende Übergänge Erfahrungen sammeln, die ihre Selbstbestimmtheit und Selbstwirksamkeit erhöhen. Im Situationsansatz geht es um eine subjektbezogene Qualifizierung (Zimmer 2013) und die Neugestaltung von Situationen, um Entwicklungen anzustoßen. Typische Fragen, welche die Zielfindung erleichtern, sind:
* Welche Vorstellungen haben wir von einer gelungenen Situation? Wie soll sie aussehen?
* Welche Erfahrungen sollen Kindern und/oder Eltern ermöglicht werden?
* Welche Kompetenzen sollen Kinder und Eltern erwerben? Welche Ich-, Sozial-, Sach- und lernmethodischen Kompetenzen sind in dieser Situation wichtig?
* Welche Fähigkeiten brauchen die Fachkräfte bzw. welche Kompetenzen erwerben sie?

Fachkräfte behalten alle Beteiligten im Blick und setzen überprüfbare Ziele, die sich am Bedarf und an den Interessen der Kinder und Eltern orientieren und mit diesen gemeinsam besprochen und bewertet werden. Die Bildungs- und Orientierungspläne der einzelnen Bundesländer nennen viele Kompetenzen, die Kita-Kinder in den verschiedenen Bildungsbereichen entwickeln können, und unterstützen die Fachkräfte bei diesem Planungsschritt. Hier finden sie Beispiele und erhalten Formulierungshilfen (vgl. Kapitel 3.2.2).

3.1.3 Handeln: Situationen gestalten

Wie können Fachkräfte die Entwicklung der Kompetenzen unterstützen? Durch welche Lernerfahrungen können die Kinder ihre Kompetenzen in Richtung der gesetzten Ziele erweitern? Die Umsetzung kann vielfältige Formen annehmen. Dabei sollen die Lern- und Entwicklungsmotivation von Kindern und Erwachsenen aufgegriffen und entsprechende Lernmöglichkeiten zur Verfügung gestellt werden. Menschen – insbesondere Kinder – wollen sich entwickeln und etwas bewegen. Sie suchen nach neuen Kompetenzen („Das kann ich schon!") und nach Angeboten („Was bietest du mir noch?"). Durch welche Angebote lassen sich Kompetenzen erweitern oder erwerben? Wie ermöglicht man forschendes, entdeckendes Lernen? Wie können Kinder befähigt und ermutigt werden, Probleme zu lösen, Barrieren zu überwinden und lustvoll die Welt zu erkunden?

Entwicklungsräume und -felder zur Aneignung von Kompetenzen ergeben sich manchmal kurzfristig und punktgenau, etwa wenn neue Kinder und Eltern beim Ankommen in der Einrichtung eine Mappe überreicht bekommen, worin in der Familiensprache alle wichtigen Punkte für einen reibungslosen Kita-Alltag zusammengefasst werden. Das Lernen kann aber auch die Form eines Projekts annehmen oder als Alltagsprozess verstanden werden. Oft geschieht beides parallel.

Beispiel: In einer Kita sollen sich alle auf Postern in Bilderrahmen vorstellen. Bei der Erstellung begleiten die Fachkräfte die Familien. Es sollen vor allem zwei Fragen beantwortet werden: „Kind X und seine Eltern ... a) versprechen sich vom Besuch der Kita ... und b) bringen folgende besondere Kompetenzen (Sprachen oder Hobbys der Eltern/des Kindes usw.) in die Einrichtung ein: ..." Das Projekt wird im August und September durchgeführt und endet mit einem Familienfest zum Erntedank, wo alle besonderen „Mitbringsel" der Familien sichtbar gemacht werden sollen. Die Festgestaltung übernimmt eine Arbeitsgruppe aus Eltern und Fachkräften.

3.1.4 Nachdenken: Erfahrungen auswerten und Perspektiven abwägen

Nun werden Erfahrungen ausgewertet und man überlegt, wie es weitergehen kann. Folgende Fragen steuern die Reflexion in der Kindertageseinrichtung:

* War die Situationsanalyse hinreichend differenziert?
* Haben sich die Vermutungen und Hypothesen bewahrheitet? Wurden Dinge befürchtet oder erhofft, die nicht eingetreten sind?
* Waren die Zielsetzungen realistisch formuliert? Standen die Angebote und Einflussnahmen in wirklichem Zusammenhang mit den Zielen?

Nicht nur gegen Projektende, auch zwischendurch sind immer wieder Reflexionsphasen nötig, um Erfahrungen auszuwerten oder Zielkorrekturen zu verabreden. Von einer Situation führen unzählige Brücken zu weiteren Situationen und stoßen zahlreiche weiterführende Lernprozesse an. Daher ist auch im Situationsansatz „nach der Planung vor der Planung". Wieder werden Hypothesen formuliert und Entscheidungen getroffen, wie es weitergehen könnte, sodass ein *Planungskreislauf* entsteht.

3.2 Kritische Aspekte

Die Postulate des Situationsansatzes sind in ihrer reformerischen und humanistischen Anlage den Strömungen der heutigen Zeit vielfach diametral entgegengesetzt. Manche Eltern fürchten, ihre Kinder könnten den Anforderungen der Gesellschaft nicht genügen, wenn sie nicht frühzeitig Fremdsprachen lernen oder sich mit Naturwissenschaften befassen. Andere können mit dem Situationsansatz und der Förderung kindlicher Selbstwirksamkeit nichts anfangen. Sie wünschen sich vorzeigbare Resultate und Belege über das Gelernte. Arbeitsblätter oder evaluierte Lernförderprogramme wirken auf sie zielorientierter als situationsbezogenes, lebensweltorientiertes Lernen von Klein und Groß im Dialog. Vor allem im mathematisch-naturwissenschaftlich-technischen Bereich ist der Erwartungsdruck seit einigen Jahren enorm. Kinder aus sogenannten bildungsfernen Familien dienen als Begründung und Anlass, einen programmatischen Fächerkanon als Basis für eine Integration in die Bildungsgesellschaft festzulegen, der im Verlauf eines Kita-Jahres abgearbeitet werden soll. Derartige programmatische Lernansätze ignorieren jedoch die Erkenntnisse neuerer Lernforschung. Kinder schlagen individuelle Lernwege ein, um sich Kompetenzen anzueignen, die für ihr aktuelles Zusammenleben mit anderen nützlich sind, und passen sie an spätere Situationen an. Nach Alison Gopnik u. a. (2001) nutzen Kinder drei unterschiedliche Lernformen:

Sie lernen durch Analyse statistischer Daten, Exploration und Beobachtung. Kinder beobachten ihre Umwelt sehr genau und imitieren das Handeln anderer. Dabei entdecken sie statistische Wahrscheinlichkeiten und prüfen immer wieder, ob diese nicht bloßer Zufall sind, etwa, wenn sie den Lichtschalter betätigen. Auch im sozialen Miteinander werden Reaktionen getestet, für die Kinder ähnlich wie Wissenschaftler Hypothesen aufstellen. Sie erkennen, dass die Erzieherin kommt, wenn sie laut schreien, dass Max weint, wenn man ihn kneift, oder dass die Suppe warm wird, wenn sie auf dem Herd steht und der richtige Knopf gedrückt wird. Direkte Instruktionen und Erklärungen hingegen verringern die Anzahl möglicher Hypothesen, die Kinder zu durchdenken imstande sind (Hildebrand 2013, 25). Alison Gopnik schlägt daher vor: zum Spiel anregen, auf Anomalien hinweisen, gemeinsam nach Erklärungen suchen. Kinder sind die geborenen Wissenschaftler.

Der Situationsansatz unterstützt kreatives und problemlösendes Denken und Handeln im Alltag. Er verwaltet nicht den Mangel, sondern stärkt kindliche Ressourcen. Alles, was Kinder tun, hat mit Mathematik, Physik, Sprache, Musik und anderen wissenschaftlichen Fächern zu tun. Ein verrunzelter, angefaulter Apfel bietet Anlass für Gespräche über Veränderungsprozesse während der Reifung – auch beim Menschen. Die Apfelkerne im Gehäuse sind in Gruppen angeordnet – ein Beispiel für Mengenlehre, ähnlich wie auch die Gruppenbildung in der Kita. Äpfel kann man essen, messen, wiegen, kochen, zerschneiden etc. Wenn Kinder in ihrem alltäglichen Tun angeregt und begleitet werden, lernen sie weit mehr, als wenn bestimmte Fähigkeiten isoliert trainiert werden. Manche Erzieher/-innen fühlen sich unter Druck, weil sie mit dem Situationsansatz ihrer Meinung nach nicht ausreichend belegen können, wie und was Kinder lernen. Die Arbeit mit Schlüsselsituationen ist sehr herausfordernd, bedarf sie doch der intensiven Auseinandersetzung mit dem Alltag der Kinder in der Einrichtung und ihrem familiären und gesellschaftlichen Lebensumfeld. Man braucht Geduld und den Mut, Fragen zu stellen, statt Antworten zu geben. Das passt schlecht in die moderne Zeit, die auf schnelle Lösungen drängt. Angesichts des Drucks im Hinblick auf Naturwissenschaften und Sprachförderung müssen Fachkräfte ganz schön widerständig sein, wenn sie die kindlichen Kompetenzen in diesen Bereichen nicht durch speziell konzipierte Materialien, sondern im Kita-Alltag aufgreifen und fördern wollen. Auch wenn sogenannte Lernspiele uns das Gegenteil weismachen wollen: Lineare Kausalitäten gibt es nicht beim Lehren und Lernen. Um den Lernerfolg nachzuweisen, sind sukzessive Beobachtung und eine fundierte, anschauliche Dokumentation erforderlich. So können Eltern, Kinder und Fachkräfte nachvollziehen, wie Kinder was mit welcher Absicht und mit welchem Ergebnis erforscht haben und was sie mit dem Erfolg verbinden. Diese Dokumentationen sind gleichzeitig Leitfäden für spätere individuelle Lernprozesse: Wie haben wir herausgefunden, dass Äpfel schwerer sind als Watte? Was hat uns geholfen, die richtige Ton- und Wortfolge beim Theaterstück zu reproduzieren? Kinder kommen auf viele Lösungen von selbst, wenn sie gelernt haben, Fragen zu stellen.

3.2.1 Themen der Kinder

Laewen/Anders (2002, 236 f.) kritisieren, die Entscheidung für Schlüsselsituationen als Ausgangspunkt für pädagogische Ziele und Projekte im Alltag sei eine versteckte „Zumutung von Themen", die nicht wirklich im konkreten Spiel- oder Lerninteresse eines Kindes stehen. Sie monieren, dass „für das Auffinden von Themen der Kinder und ihre Beantwortung durch die Erzieherin kein vergleichbar systematisch ausgearbeitetes Verfahren zur Verfügung" stehe. Es würde nicht systematisch nach Themen der Kinder gesucht und Schlüsselsituationen könnten zunächst ohne Bezug zu einer gesellschaftlich definierten Schlüsselsituation zum Ausgangspunkt auch länger andauernder Projekte werden (Laewen/Anders 2002, 236 f.). In der Tat hängt die Entscheidung für ein Thema stark davon ab, ob Erzieher/-innen bereit sind, den Kindern wirklich zuzuhören, zuzuschauen und ihre aktuellen Bedürfnisse und Wünsche wahrzunehmen. Die Versuchung ist groß, bekannte Themen aufzugreifen, zu denen bereits früher ein Projekt gut funktioniert hat oder deren Bearbeitung ohne größeren Aufwand leistbar scheint. Der Situationsansatz sieht aber ergebnisoffene, partizipatorische Prozesse als Grundlage für die Arbeit mit Kindern und Familien an, die Praxis muss immer wieder neu auf aktuelle Gegebenheiten in deren Leben reagieren. Kindheit wiederholt sich nicht und jedes Lebensumfeld birgt neue und andere Herausforderungen. Dennoch wiederholen sich einzelne Themen. Jedes Kind setzt sich irgendwann damit auseinander, was „Großwerden" bedeutet, oder mit dem Thema Jahreszeiten, etwa wenn der sehnlichst erwartete Schnee im Winter ausbleibt.

3.2.2 Berücksichtigung der Bildungsprogramme der Länder

Bildung in Deutschland ist nach wie vor Länderhoheit. Entsprechend hat jedes Bundesland sein eigenes Bildungsprogramm, seinen Bildungsplan, Orientierungsrahmen etc. In mehreren Bundesländern waren bei der Entwicklung Mitarbeiter/-innen des Instituts für den Situationsansatz federführend. Ähnlich wie schulische Lehrpläne definieren Bildungsprogramme für eine bestimmte Altersspanne außerschulische Lernfelder und beschreiben Bildungsbereiche, in denen Kinder ihre Kompetenzen erweitern und entwickeln können, es werden jedoch keine bestimmten, mess- und bewertbaren Bildungserfolge vorgeschrieben. Bildungspläne basieren auf dem Konzept des eigenständigen Bildungsauftrags der Kindertagesstätten. Für ihre pädagogischen Anregungen berufen sie sich auf diverse pädagogische Ansätze (Fröbel, Montessori, Freinet, Waldorf, Reggio, Situationsansatz etc). Fachkräfte erhalten Empfehlungen, wie sie Kinder beim Kompetenzerwerb unterstützen und auf ihrem Lebensweg begleiten können. Von ihnen werden u. a. systematische Beobachtung und Dokumentation sowie regelmäßige Entwicklungsgespräche erwartet.

Im Unterschied zu schulischen Lehrplänen, die als Fächerkanon gegliedert sind und Bildungserfolge definieren, zielt der Situationsansatz auf die Sensibilisierung der Erwachsenen für die autonomen Entwicklungsmotivationen von Kindern. Sie sollen Wechselwirkungen zwischen Bildungsthemen, die Kinder konkret beschäftigen, und darin enthaltenen Wissensfeldern ausfindig machen.

„Alle Kinder sind Dialogpartner und jedes Kind ist in seinem Kommunikationsvermögen anzusprechen, denn seine Weltdeutungen und seine Ansichten interessieren. Was Kinder meinen, wird ernst genommen, das sollen sie spüren. Nur wenn man ihnen zuhört, entwickeln sie das Bewusstsein, dass sie etwas mitzuteilen haben und dass es sich lohnt, Anderen Gehör zu schenken und sich selbst prägnant auszudrücken. Sprachförderung geschieht also immer und ganz besonders, wenn Schlüsselsituationen zum Lernfeld werden. (…) Erfolgt Planung fortschreitend im Dialog und gestützt durch Ausdrucksmittel von Kindern etwa an „sprechenden Wänden", so wird die Pädagogik transparent, fordert zur weiteren Verständigung auf und spricht auch Eltern an (…)." (Krug 2013, 18)

Der Situationsansatz fördert kindliche Bildung, indem die Fragen der Kinder ganzheitlich bearbeitet werden in naturwissenschaftlichen Experimenten, Aushandlungsprozessen und Spielanregungen.

Die frühe Kindheit ist die Zeit der größten Bildsamkeit und der größten Empfindsamkeit, in der Kinder selbstwirksam Lernen lernen. Im Spiel sowie im Dialog mit den Mitmenschen eignet das Kind sich die Welt an und gelangt zu wachsender Autonomie und sozialer Kompetenz, vorausgesetzt, es erfährt in seinem Lebensumfeld Respekt, Zuwendung und vielfältige Anregung.

3.3 Merkmale pädagogischen Handelns

Die Strukturen, Dimensionen und Grundsätze sowie die Planungsschritte unterstützen das zentrale Anliegen, Kinder zu einer kompetenten und autonomen Lebensgestaltung zu befähigen. Im Folgenden geht es darum, wodurch bzw. wie eine qualitativ hochwertige pädagogische Arbeit im Situationsansatz unterstützt werden kann.

3.3.1 Der ko-konstruktive Dialog

Der Dialog bzw. Diskurs ist einer der Eckpfeiler des Situationsansatzes (Preissing/Heller 2016, Haberkorn 2014, Zimmer 2013). Kinder sind von Anfang an in Interaktion und dialogischer Auseinandersetzung mit ihrem Lebensumfeld. Kindliches Lernen ist ein sozialkonstruktiver Prozess, bei dem Lehrende und Lernende an Vorwissen und Vorerfahrungen anknüpfen, motiviert und in das Geschehen involviert sind.

In eine Kita wurden Geschwisterkinder aufgenommen, die erst vor Kurzem mit einem Onkel aus Syrien gekommen sind. Sie sprechen noch kein Deutsch, der Onkel ein bisschen Englisch. Die Fachkräfte erkundigen sich bei ihm nach den Lieblingsspielsachen der Kinder. Sie beschaffen einige Kinderbücher aus Syrien, die den Kindern bereits vertraut sind, denn sie wissen um die Bedeutung von Ankerhandlungen (wie wichtig in einer fremden Umgebung Bekanntes ist). Vom Sofa aus beobachten die Geschwister mit dem Buch in der Hand, was in der Gruppe passiert. Andere Kinder sprechen sie an und schauen mit in die Bücher. Sukzessive verlassen die Geschwister den sicheren Ort und nehmen, anfänglich sich noch an der Hand haltend, dann auch alleine, Kontakt mit den anderen Kindern und der Erzieherin auf.

Das Phänomen des dialogischen Aufeinander-Eingehens wird auch mit dem Begriff der Ko-Konstruktion umschrieben. Dabei lassen sich die autonomen Interaktionspartner auf die unterschiedlichen Interpretationen der anderen ein und entwickeln daraus in einem Dialog auf Augenhöhe eigene Gedanken (vgl. Siray-Blatchford u. a. 2005, 5), egal ob hier Kind und Fachkraft, Mutter und Fachkraft oder andere Personen involviert sind. Förderlich für die Ko-Konstruktion ist das empathische Verhalten der Fachkräfte, ihre Sensibilität und individuelle Unterstützung.

Lorin (2) steht auf halber Höhe der Leiter zur Rutschbahn. Er hält inne und spricht über die Rutschbahn: „Utschba Angst, Utschba eiss, Utschba nass" (Rutschbahn Angst, Rutschbahn heiß, Rutschbahn nass). Die neben Lorin stehende Erzieherin wiederholt, was sie gesehen und verstanden hat: „Lorin, ich habe verstanden, dass dir die Rutschbahn Angst macht. Du steigst nicht weiter hoch. Du denkst, die Rutschbahn könnte heiß sein? Oder nass? Heiß wird sie von der Sonne, nass vom Regen. Möchtest du vielleicht noch mal zurücksteigen und vorher prüfen, wie die Rutschbahn sich anfühlt?"

Lernprozesse in der Kindertageseinrichtung sind von der Qualität der Interaktion zwischen pädagogischen Fachkräften und Kindern abhängig (vgl. König, 2009; Remsperger 2011). Erwachsene haben im ko-konstruktivistischen bzw. dialogischen Lernansatz eine sehr aktive Rolle: Sie suchen den intensiven Dialog mit dem Kind, indem sie seine Gedankengänge aufgreifen und anreichern. Notwendige Bedingungen hierfür sind „Involvement" in den Interaktionsprozess und eine „instruktive" Ausrichtung der Interaktion. Sylva et al. (2003) und Siraj-Blatchford et al. (2002) bezeichnen die wechselseitigen (nicht-)sprachlichen Austauschprozesse zwischen Dialogpartner/-innen als *„sustained shared thinking"*. Bei dieser Interaktionsform bewältigen Subjekte gemeinsam, aber mit unterschiedlichen Handlungsanteilen, eine Aufgabe, klären gemeinsam Gedankengänge oder planen Aktivitäten. „Sustained shared thinking" (Siraj-Blatchford et al. 2002) unterstützt Kinder bei ihrer selbstbestimmten Aneignung der Welt. Im Gespräch auf Augenhöhe lernen Kinder Denkweisen der Erwachsenen kennen und umgekehrt (O'Connor 2014, 7; praktische Hinweise und Übungen in: Hildebrandt/Dreyer 2014). Im obigen Beispiel versucht die Erzieherin, das Denken des 2-Jährigen in Worte zu fassen. Sie folgerte, dass Lorin sich an die heiße Rutschbahn der letzten Woche erinnert hat und möglicherweise auch eine nasse Rutschbahn schon erlebt hat, und bietet ihm daraufhin eine Alternative zum weiteren Hochklettern an und eine Vergewisserung über die kindliche Theorie zum Zustand der Rutschbahn. Dabei überlässt sie ihm die Entscheidung, was er nun tun soll. Lernprozesse finden statt, wenn Lernende am Thema interessiert und emotional berührt sind. Konflikte, in denen Eigensinn und emotionale Involviertheit besonders zum Tragen kommen, fordern das Verständnis für bestimmte Sachverhalte besonders heraus. Je abwechslungsreicher Kinder strukturierte und spielorientierte Phasen im Alltag erleben, desto leichter fällt es ihnen, persönliche Entwicklungs- und Lernprozesse selbstständig weiterzuverfolgen und mit neuen Ideen anzureichern.

3.3.2 Flexibilität und Ressourcenorientierung

Im Situationsansatz werden soziales Lernen und alltägliche Lebensbedingungen der Kinder in den Mittelpunkt gestellt. Es gibt keinen Wochenplan mit festgelegten Aktivitäten. Die Fachkräfte entwickeln gemeinsam mit den Kindern Aktivitäten und Pläne für die nächste Zeit. Die Kindergruppen mischen sich immer wieder neu, je nach Interesse der Kinder.

In einer Einrichtung reden manche Jungen abschätzig über Mädchen. Sie sagen zum Beispiel, dass Mädchen nicht so schnell laufen könnten wie Jungen. Die Erzieherin thematisiert das im Morgenkreis. Sie fragt die Jungs, warum sie denn so sicher seien, dass Mädchen langsamer sind. Die Jungs drucksen rum. Daraufhin will die Erzieherin wissen, wie man herausfinden könnte, ob das stimmt, was die Jungs behaupten. Die Kinder schlagen vor, Wettrennen zu veranstalten und die Zeiten zu messen. Einige Mädchen haben bereits die Zuschreibungen der Jungs akzeptiert und argumentieren: „Aber wir können besser weben." Weben ist aktuell eine Lieblingsbeschäftigung vor allem der Mädchen und einiger weniger Jungs. Sie haben beschlossen, einen Spielteppich für den Flur zu weben. Schließlich werden zwei große Plakate aufgehängt, auf einem die Namen der Mädchen, auf dem anderen die der Jungen. Gemessen werden Geschwindigkeit und Webkompetenz (jedes Kind soll zehn Reihen ohne Fehler weben). Eine Jury sorgt dafür, dass nicht gemogelt wird.

In diesem Beispiel greift die Fachkraft auf, was ihr aufgefallen ist. Sie stellt Fragen, die Kinder zum Nachdenken bringen. Schließlich wird gemeinsam geplant, wie die „Wahrheit" herausgefunden werden kann. Der Einwand eines Jungen, wenn er noch wachse, könne er schneller laufen, führt dazu, dass der Wettbewerb zweimal durchgeführt wird. Interessant sind nicht die Einzelleistungen, sondern die Gruppenleistung. Den Kindern wird schnell klar, dass es viele Gründe gibt, warum ein Kind schneller oder langsamer ist, dass Weben wie Laufen eine Übungssache ist und man beides trainieren kann. Die Mädchen haben übrigens bei beiden Wettbewerben besser abgeschnitten, aber ganz knapp.

3.3.3 Autonomie und Verbundenheit

Auf dem von den älteren Kindern gedeckten Tisch steht ein großer Wasserglaskrug. Der knapp vierjährige Luis zieht ihn zu sich. Dies erfordert viel Kraft. Als er den Krug kippt und das Wasser in sein Glas schüttet, fließt Wasser am Krugrand entlang auf den Tisch und bildet dort eine Pfütze. Die Erzieherin beobachtet Luis' angestrengte Tätigkeit und kommentiert die Situation mit einem ermunternden „Ist der (Krug) aber schwer!" Luis antwortet: „Ich schaff das. Aber es geht auch viel daneben!" Luis ist stolz darauf, Wasser ins Glas geschüttet zu haben. Er bemerkt allerdings auch die Pfütze. Die Erzieherin fragt ihn, ob er eine Idee habe, wie es besser gehen könne. Luis überlegt, findet aber keine Lösung. Im Rahmen der nächsten Kinderkonferenz bittet ihn die Erzieherin, von dem Erlebnis zu erzählen. Sie fragt die Kinderrunde, wie man die Pfützenbildung vermeiden könnte. Diverse Vorschläge werden gemacht. „Kleinere Krüge zu besorgen" gefällt Luis nicht. Gut findet er aber die Idee, die Krüge nicht mehr so hoch zu befüllen. Er und ein älteres Mädchen übernehmen es, das Problem in diesem Sinne mit dem Koch zu klären.

In der Selbstbestimmungstheorie der Motivation (Deci/Ryan 1993) geht es um die Frage, was Menschen motiviert und darin unterstützt, selbstbestimmt zu handeln. Selbstbestimmtes Handeln wird im Rahmen dieser Theorie als intrinsisch motiviert verstanden: Der Mensch handelt (mehr oder weniger) aus eigenem Antrieb und aus eigenem Interesse – und nicht (in erster Linie), um Belohnungen zu erhalten oder Strafen zu vermeiden. Intrinsische Motivation ist nicht angewiesen auf permanente Hilfe, Kontrolle oder ständigen Antrieb. Laut der Selbstbestimmungstheorie sind drei psychologische Bedürfnisse des Menschen für das Entstehen und das Aufrechterhalten intrinsischer Motivation wichtig:

* Wir möchten uns *autonom und selbstbestimmt* fühlen. Die Motivation wird geschwächt, wenn wir uns als abhängig und fremdgesteuert erleben.

* Wir haben ein *Bedürfnis nach Verbundenheit* und sozialer Zugehörigkeit. Die Motivation leidet, wenn wir uns isoliert und ohne sozialen Bezug zur Umwelt empfinden.

* Wir möchten uns als *kompetent und wirksam* erleben. Wiederholte Erfahrungen von Bedeutungslosigkeit und (unterstellter) Inkompetenz führen dazu, dass wir uns weniger einbringen und unter unseren Möglichkeiten bleiben.

Bei der Förderung von Kindern sollten diese Bedürfnisse Beachtung finden. Damit werden die drei Ziele des Situationsansatzes aufgegriffen: Selbstständigkeit (Autonomie), Verbundenheit (Solidarität) und Wirksamkeitserleben (Kompetenz). Gute Pädagogik zeichnet sich dadurch aus, dass die Handlungen der Fachkräfte von den Kindern als autonomieunterstützend, verbindend und kompetenzbetont wahrgenommen werden. Im obigen Beispiel erkennt man: Für die Förderung der Autonomie ist entscheidend, dass die Fachkraft nicht eingreift, sondern nur beobachtet und Luis' Anstrengungen empathisch beschreibend kommentiert/spiegelt: „Ist der (Krug) aber schwer!" Luis spürt, dass sie seine Mühen anerkennt und würdigt.

Hier wären viele andere Reaktionen denkbar. Wie hätten Sie reagiert? Einige denkbare Reaktionen der Erzieherin in Form von inneren Monologen:

* „Die Pfütze wird sicher noch größer. Ich wische schon mal auf, bevor es auch auf den Boden kleckert."

* „Luis schafft das nicht – ich werde ihm helfen und sein Glas füllen."

* „Oh nein, bitte nicht schon wieder ein feuchter Tisch! Ich muss das stoppen."

* „Hilfe, gleich geht der Krug krachend zu Bruch! Ich muss diese Katastrophe verhindern!!" (vgl. Beck-Neckermann 2017)

Jeder dieser inneren Monologe wirkt sich auf die emotionale Verbindung zwischen Fachkraft und Kind aus. Kinder sind sehr empfänglich für die Signale der Erwachsenen. Umso mehr wird die Handlung, die dem inneren Monolog folgt, Eindruck machen. Mit jeder oben geschilderten Reaktion entfernt sich die Fachkraft weiter davon, Luis Autonomie zu gewähren. Als Erwachsene/-r kann man fast jede Situation ohne Rücksicht auf die Interessen des Kindes beeinflussen. Der Situationsansatz erfordert jedoch ein machtsensibles Vorgehen. Das Beispiel zeigt auch, dass Arbeiten nach dem Situationsansatz nicht heißt, „alles einfach so laufen zu lassen." Die Fachkraft bleibt im Kontakt mit Luis, indem sie spiegelt, dass er selbst mit dem Ergebnis seiner Bemühungen nicht ganz zufrieden ist. Die Verbindung zwischen den beiden wird von der Erzieherin dann in der Kinderkonferenz in einem größeren sozialen Rahmen erweitert. Hier stimuliert die Fachkraft die kognitiven, emotionalen und sozialen Kräfte der Kinder. In Kooperation von Kindern und Erwachsenen wird die Lebenswelt gemeinsam gestaltet – und Luis bleibt Raum für eigene Entscheidung und Gestaltung: Er bewertet die Vorschläge und setzt den aus seiner Sicht geeignetsten selbst mit um.

3.3.4 Partizipation

Im Garten des Kindergartens steht ein vor Jahren selbst gebauter kleiner Spielturm, der „Leuchtturm". Aus Gründen der Belastbarkeit dürfen nur vier Kinder gleichzeitig hinauf. Bei einer Kinderkonferenz beschwert sich ein Mädchen, dass der Turm immer von denselben Kindern besetzt würde. Sie erzählt, sie wollte sich dort kürzlich mit Freundinnen treffen, aber niemand war bereit, abzusteigen. Die im Gruppengespräch sich entwickelnde Analyse macht deutlich, dass der Turm ein sehr beliebter Ort ist, weil er Überblick und Rückzug zugleich gewährt. Da er jedoch nur wenigen Platz bietet, ist er ständig Anlass für Streit. Die Erzieherin fordert die Kinder auf, sich Lösungsmöglichkeiten zu überlegen. Unterschiedlichste Vorschläge werden geäußert; viele zielen auf Regelungen, wie man mit dem Mangel umgehen könnte. Aber alle Kinder sind begeistert von der Idee, einen zweiten Turm zu bauen, und spinnen diese Überlegung weiter. Die Erzieherin regt an, Arbeitsgruppen zu bilden, um den zweiten Turm zu zeichnen. Es bilden sich vier Gruppen, jede wird von einem Kind geleitet. Die Erzieherin dokumentiert den Arbeitsprozess. In der nächsten Kinderkonferenz stellen die Kinder die entstandenen Pläne vor. Die Kinder diskutieren das Für und Wider jedes Plans und entscheidet sich mit großer Mehrheit für einen Plan, der den Bau eines zweiten Turms vorsieht mit einer beide Türme verbindenden Brücke.

Als Nächstes bauen die Kinder dreidimensionale Modelle. Dafür verwenden sie unter anderem Legobausteine, Plastilin und Pappe. Diese Materialien stellen sie vor unterschiedliche Herausforderungen, wovon sie in einer Versammlung berichten. Es folgt die Präsentation und Begutachtung aller Modelle; zwei davon sind in frei gewählter Teamarbeit entstanden. Nach einer lebhaften Diskussion markiert jedes Kind sein Wunschmodell mit einem Muggelstein. Das Siegermodell wird schließlich von der Kindergruppe besprochen und gewürdigt.

In den folgenden Wochen laufen mehrere Aktionen gleichzeitig ab: Die Kinder bitten die Eltern mit einem selbst gestalteten Plakat um Mithilfe. Ein Vater baut das Leuchtturmmodell aus Holz, das im Mittelpunkt einer gemeinsamen Versammlung von Kindern, Eltern und Erzieher/-innen steht, bei der weitere Schritte geplant werden. Eine Mutter, Statikerin von Beruf, fertigt eine Bauzeichnung an und es werden Strategien zur Einbindung des Trägers und der Behörden entwickelt. Gleichzeitig experimentieren die Kinder mit Spiegeln und Feuer, denn ein „echter" Leuchtturm braucht natürlich ein Lichtsignal und sie wollen herausfinden, wie das die Menschen in früheren Zeiten ohne Strom geschafft haben. Am Ende des Prozesses steht die feierliche Einweihung und In-Besitznahme der neuen Kletter- und Rückzugsmöglichkeit.

Der Situationsansatz stellt die Beteiligung der Kinder in das Zentrum pädagogischen Handelns. Am besten gelingt dies, wenn die pädagogischen Fachkräfte eine Beteiligung der Kinder (und aller anderen Beteiligten) aktiv fördern (vgl. Grundsatz 7). Partizipation heißt, dass Kinder und Erwachsene sich über das Thema und den Sinn ihres Tuns verständigen, unterschiedliche Lösungen für ein Problem finden und im besten Fall „Resonanz" entsteht, also eine Beziehung zwischen Menschen, die einander konstruktiv beeinflussen. In der Präambel der UN-Kinderrechtskonvention heißt es: „Die Anerkennung der allen Mitgliedern der menschlichen Gemeinschaft innewohnenden Würde und der Gleichheit und Unveräußerlichkeit ihrer Rechte bildet die Grundlage von Freiheit, Gerechtigkeit und Frieden in der Welt." Kinderrechte müssen nicht erworben, verdient oder zugebilligt werden – jede/-r hat sie von Geburt an! In Artikel 12 der UN-Kinderrechtskonvention steht: „Die Vertragsstaaten sichern dem Kind, das fähig ist, sich eine Meinung zu bilden, das Recht zu, diese Meinung in allen das Kind berührenden Angelegenheiten frei zu äußern, und berücksichtigen die Meinung des Kindes angemessen und entsprechend seinem Alter und seiner Reife." Im Original ist von „views" der Kinder die Rede, also von ihrer Sichtweise der Dinge, ihrer Perspektive (Art. 12: „States Parties shall assure to the child who is capable of forming his or her own views the right to express those views freely in all matters affecting the child, the views of the child being given due weight in accordance with the age and maturity of the child."). Die Erwachsenen sollen die Sichtweisen des Kindes wahrnehmen und berücksichtigen.

Das geschilderte Turmbau-Projekt des Kindergartens ist ein Beitrag zur Demokratieerziehung. Die Aufforderung zum Nachdenken über Lösungsmöglichkeiten und alle nachfolgenden Schritte zeugen von emotionaler, kognitiver und sozialer Wertschätzung. Die Kinder erbringen daraufhin Höchstleistungen; sie nutzen die Konkurrenzsituation sogar gewinnbringend, ohne einander zu beschämen, erkennen die Leistungen anderer an und stellen sich in den Dienst einer gemeinsamen Sache. Im Wechsel von strukturierenden Vorschlägen der Erzieherin und Ideenfindungen der Kinder erleben diese Selbstwirksamkeit, die sie für künftige Krisen stärkt. Partizipation bedeutet nicht (auch das wird im Beispiel deutlich), dass Kinder alles allein entscheiden und machen (müssen). Partizipation heißt Zusammenarbeit – zwischen Erwachsenen und Kindern, Kindern untereinander oder zwischen Erwachsenen (vgl. Kapitel 3.3.7).

3.3.5 Spiel

Kristina hat in der Kita-Garderobe auf ihre Freundin Selma gewartet. Kaum hat sich Selma von ihrem Vater verabschiedet, beschließen die beiden, in der Bauecke zu spielen. Selma schlägt vor, einen Zoo zu bauen. Gemeinsam breiten sie das grüne Tuch aus, das eine Wiese darstellen soll, und holen sich Bauklötze, um Gehege abzugrenzen. Danach bauen sie Ställe. Sie suchen sich im Korb einige Tiere aus. Jedes Kind will unbedingt Löwen in seinem Stall unterbringen. Schließlich gibt Kristina nach und entscheidet sich für die Pferde und die Giraffe. Günay schaut den beiden Mädchen mit etwas Abstand interessiert zu. Selma fragt ihn, ob er mitspielen wolle. Das will er und Selma erklärt ihm, was sie und Kristina gebaut haben. Währenddessen nähert sich Justus und fängt an, die Gehege umzubauen. Selma und Kristina protestieren und sagen ihm, er dürfe nicht mitspielen. Er habe ja auch gar nicht gefragt. Justus will aber mitmachen und meint trotzig, dann sei er nicht mehr ihr Freund. Kristina erklärt ihm nochmals, dass er sie erst fragen müsse. Justus überwindet sich und fragt, ob er mitspielen darf. Nach gemeinsamer Absprache werden nun die Rollen neu verteilt und das Spiel geht weiter.

Diese Kinder haben nicht „nur gespielt", sondern dabei viele grundlegende Kompetenzen erworben:

* Aufeinander warten: Kristina wartet auf Selma. Sie übt sich in Geduld und Verlässlichkeit, das tägliche Ritual beruhigt sie. Es kommt auch vor, dass Selma wartet.

* Sich absprechen: Kristina und Selma sprechen sich ab. Dazu trainieren sie Kontaktaufnahme, Sprache, Sprechen, Zuhören und Sich-Mitteilen.

* Gemeinsames Bauen: Kristina und Selma entwickeln gemeinsam einen Plan und eine gemeinsame Vorstellung. Sie setzen diese um und bringen ihre Wünsche und Erfahrungen ins Spiel ein. Sie üben sich im Teilen, ergreifen Eigeninitiative und lernen verzichten. Sie haben beide räumliche Vorstellungen. Sie kennen und verwenden geeignetes Legematerial für die Gehege und unterscheiden Formen und Farben.

* Sich durchsetzen: Die Mädchen kennen die Tiere, mit denen sie spielen. Sie üben sich im Entscheiden, im Sich-Durchsetzen oder Verzichten. Sie finden Kompromisse und lernen, Bedürfnisse zurückzustecken.

* Günay ins Spiel bringen: Hier reagiert Selma feinfühlig und einladend, ist sensibel für Bedürfnisse und Interessen anderer.

* Justus spielt einfach mit: Die Mädchen vertreten klare Regeln (man muss fragen), setzen Grenzen, bieten Kompromisse an und finden selbstständig Lösungen.

* Während des ganzen Spiels sind immer wieder Absprachen notwendig. Kreativität, Konzentration und Kooperation sind wichtige Kompetenzen.

Spielen ist weit mehr als das, was wir Erwachsene von außen hineininterpretieren. Das gemeinsame Tun von jüngeren und älteren Kindern, die alltäglichen Situationen im Tagesablauf, die vielfältigen Spielvarianten und Projekte und die anregende Raumgestaltung inspirieren vielfältige Lernerfahrungen. Gerade in der Mischung aus lebenspraktischen Tätigkeiten, spielerischem Tun und der Auseinandersetzung mit den Ansichten Anderer liegen entwicklungsförderliche Anregungen.

3.3.6 Raumgestaltung

Räume werden in der Reggio-Pädagogik als „dritte Erzieher" bezeichnet. Sie sind die Visitenkarte einer Einrichtung und spiegeln das Bild der Fachkräfte vom Kind wider. Räume sind eng mit dem Einrichtungskonzept verbunden. Als Bildungsorte müssen sie vielfältigen Bedürfnissen und Anforderungen genügen. Räume grenzen ein oder befreien, regen zu Aktivität an oder beruhigen. Fachkräfte sollten regelmäßig prüfen, ob der Raum das bewirkt, was er soll. Wenn Kinder ungestört forschen wollen, darf er nicht auch als Rennstrecke für die Rutschautos dienen. Mit den Kindern gemeinsam kann man überlegen, wie man ungenutzte (Bau-)-Ecken sinnvoller nutzt oder ob eine Gruppe vorübergehend einen zweiten Raum braucht für bestimmte Aktivitäten. „Dinge an sich interessieren Kinder nicht, sondern die Frage, was sie mit den Dingen machen können" (Haug-Schnabel/Bensel 2017). Räume und Materialien geben ihnen die Möglichkeit, Funktionen auszuprobieren, Zusammenhänge zu durchschauen und Einfluss zu nehmen. Variabel nutzbare und ausgestattete Räume ermöglichen Spielvarianten und reichhaltige Anregungen zu selbstwirksamem Tun. Im Idealfall sind Räume stets frei zugänglich. Unter Dreijährige sollten sich einen Raum erobern können, worin sie zeitweilig ihre eigenen Spiele spielen dürfen. Der gleiche Raum kann dann ein halbes Jahr später wieder anders genutzt werden. Räume sollten stets die Entwicklungsschritte der Kinder unterstützen und ihre Entfaltung anregen. Kinder lernen ihre persönlichen Ressourcen, Grenzen und Potenziale nur einschätzen, wenn sie diese auch erproben dürfen, dabei ist vorschnelles und ängstliches Eingreifen oder Hilfestellung kontraproduktiv. Die Kunst besteht darin, Kinder so zu begleiten, dass sie die Präsenz der Erwachsenen als Sicherung spüren, sich aber auch ermutigt fühlen, Neues zu wagen.

Oft entzündet sich im Zusammenhang mit Raumgestaltung und der Gestaltung des Außengeländes eine heftige Diskussion zum Thema Aufsichtspflicht und Sicherheit. Im Team und in Absprache mit den Eltern muss man regelmäßig prüfen, wie einerseits Vorschriften eingehalten werden können und andererseits der Forschergeist der Kinder sich möglichst frei entwickeln kann. Als Bildungseinrichtungen sind Kindertageseinrichtungen potenziell herausfordernde Werk- und Wirkstätten. Kinder sind gerne bereit, mit den Erwachsenen gemeinsam Regeln zu entwickeln, die einen größtmöglichen Spielraum eröffnen, ohne zu überfordern (vgl. Kapitel 2.2.3).

3.3.7 Zusammenarbeit mit Eltern

Zur letzten Elternversammlung des Kita-Jahres sind alle Eltern, die der Gruppe im letzten Jahr angehörten (und von denen einige sie verlassen werden) eingeladen wie auch die neu Hinzukommenden. Vorbereitete Namensschilder mit den Familiennamen und Vornamen der Kinder erleichtern die Orientierung. Die Fachkräfte haben die Projektdokumentationen des letzten Jahres zur Ansicht ausgelegt. Eingeladen haben die amtierenden Elternsprecher/-innen, die auch die Gesprächsleitung übernehmen.

Nach der Begrüßung sollen die Eltern Zufallspaare bilden und sich über vorbereitete Fragen austauschen. Nach wenigen Minuten erfolgt jeweils ein Signal, ein neues Paar zu bilden und sich über dieselbe oder eine neue Frage zu unterhalten, wie z. B.: „Was ist meine Heimat?" – „Was gehört zu mir?" – „Was habe ich mit meinem Kind gemeinsam?" Nach kurzer Zeit entstehen angeregte Gespräche und eine gelöste Stimmung ist spürbar.

Der gemeinsame Gesprächsteil beginnt mit einer nicht ganz chronologischen Rekapitulation des zu Ende gehende Kita-Jahres, wobei Fachkräfte und Eltern einander ergänzen. Unterschiedliche Perspektiven werden deutlich, Pannen des letzten Jahres werden lachend „abgehakt". Die „Neuen", darunter auch eine Halbjahrespraktikantin, erfahren, wie das Programm gemeinsam entwickelt wurde, welche Verantwortung die Fachkräfte übernommen hatten und was die Eltern beigetragen hatten – z. B. hatte eine neu gegründete Eltern-Band schon zweimal auf Festen gespielt. Die Fachkräfte geben ein Formular aus, in das Eltern eintragen können, was sie „gut und gerne" machen und eventuell zum Kita-Angebot beitragen möchten. Als Beispiele aus dem letzten Kita-Jahr berichten die Erzieher/-innen vom Schachkurs eines Großvaters, der großen Zuspruch erhielt und in einem Schachturnier mündete, sowie der Einladung von zwei Müttern: Eine Kostümbildnerin ermöglichte einen Blick hinter die Theaterkulissen; die Sozialarbeiterin in einer Flüchtlingsunterkunft lud zu einem Spielenachmittag ein. Auch die professionell gestaltete Kita-Zeitung verdankt sich besonderem Engagement: Sie wird layoutet von einer Mutter, die in der IT-Branche tätig ist und als Alleinerziehende ansonsten selten an Terminen der Einrichtung teilnehmen kann.

Dann berichten die beiden Elternsprecher/-innen über ihre Arbeit des laufenden Kita-Jahres und die Auswertung der letzten Elternbefragung. Zuletzt weisen sie auf die anstehende Neuwahl zu Beginn des neuen Kita-Jahres hin. Da ein Vater ausscheide, sei mindestens eine Neu-Kandidatur notwendig.

Ohne Eltern gäbe es keine Kinder – und es gibt keine Kinder ohne Eltern. Fachkräfte für den Situationsansatz betrachten deshalb die Zusammenarbeit mit den Eltern nicht als lästige Pflicht, sondern als eine Querschnittsaufgabe, die Herausforderung und Bereicherung zugleich ist. Zusammen mit dem Kind wird immer eine ganze Familie in die Kita aufgenommen. Fachkräfte und Eltern begegnen sich als Experten/-innen – Eltern für die Gestaltung ihres Familienalltags, Pädagogen/-innen für den Kita-Alltag. „Was macht Ihrem Kind besondere Freude? Wie gestalten Sie Pflegesituationen? Wann fühlen Sie sich mit Ihrem Kind besonders verbunden? Wann müssen wir besonders vorsichtig sein? Gibt es Rituale, die wir in der Kita aufgreifen können?" sind typische Fragen bei der Aufnahme und in der Eingewöhnungszeit. Fachkräfte sollten wissen, was die Eltern unter guter Erziehung verstehen, und dies mit ihrer Pädagogik in der Einrichtung in Zusammenhang bringen – auch und gerade, wenn sich diese von mitteleuropäischen und mittelschichtsfokussierten Praktiken unterscheiden (einige Beispiele bei Keller 2017). Im Falle unterschiedlicher Familiensprachen erkundigen sich Fachkräfte nach den wichtigsten Worten und Begriffen in der Familiensprache des Kindes, um den sprachlichen Übergang zu erleichtern. Die Fachkräfte erfahren dabei auch etwas über die unterschiedlichen Familienkulturen, mit denen Wünsche und Erwartungen an die Kita verbunden sind. Kindertageseinrichtungen (sowie Grundschulen) repräsentieren in ihrem Einzugsbereich unterschiedlichste Lebensformen und soziale Verhältnisse. (Mit der weiterführenden Schule setzt zumeist das soziale Auseinanderdriften ein). Diese Herausforderung sollte man als Chance sehen, den sozialen Zusammenhalt zu stärken und die Familien individuell zu unterstützen. Junge Familien und Alleinerziehende können in der Kita neue Bekanntschaften finden. Die Kindertageseinrichtung kann viel dafür tun, neue Verbindungen zu knüpfen, wenn Migranten und Flüchtlinge noch wenig Kontakt zur deutschen Mehrheitsgesellschaft gefunden haben. Kitas sollten Familien aller Art Gelegenheit geben, sich miteinander zu vernetzen, einander zu unterstützen und voneinander zu lernen.

Im Sinne von „Diversity" treten Fachkräfte des Situationsansatzes für Respekt und Achtung der unterschiedlichen Lebenssituationen ein. Entscheidungen werden so getroffen, dass sie keine Minderheiten ausschließen. Das hat u. a. Konsequenzen: Die Fachkräfte setzen sich aktiv dafür ein, dass Entscheidungsprozesse für Gruppenfahrten oder andere Vorhaben mit „Fingerspitzengefühl" für die unterschiedliche Belastungsfähigkeit der Familien geführt werden.

Besprechungstermine, Feste und Events sollten nach Rücksprache und mit Rücksicht auf die berufliche und familiale Lebenssituation organisiert werden. Die Kommunikation wird ermöglicht bzw. erleichtert durch mehrsprachige Aushänge oder eine Kinderbetreuung während Besprechungen und Versammlungen. Einschlägige Befragungen legen nahe, dass viel mehr Eltern zum Engagement bereit wären, wenn sie nach ihren wirklichen Kompetenzen gefragt würden. Die oben genannten Beiträge (Musik, Schach, Kita-Zeitung etc.) sind Beispiele dafür, wie Kindergärten bürgerschaftliches Engagement und die Arbeit der Fachkräfte miteinander verbinden können. Voraussetzung dafür ist eine echte Beteiligungskultur. Dazu gehören regelmäßige Elternbefragungen, deren Ergebnisse gemeinsam und einrichtungsöffentlich ausgewertet werden. Dabei sollten auch Äußerungen jenseits des Mainstreams berücksichtigt werden. In Elterngremien entwickeln Eltern mit Unterstützung der Fachkräfte ein kitapolitisches Selbstverständnis als Elternsprecher/-innen. Ein Förderverein kann eigene Schwerpunkte der Unterstützung setzen. Menschen setzen sich stärker für das ein, woran sie aktiv beteiligt sind.

3.3.8 Team und Leitung

Etwa eine Woche vor der Teambesprechung hängt die Leitung einen Vorschlag zur Tagesordnung aus, der von Mitarbeitern/-innen ergänzt wird. Eine Fachkraft vermerkt darauf: „Aufräumen vor der Abholzeit". Zur Teamsitzung bringt sie ein Bild mit, das einige Kinder nach ihrer Anregung in der Abholzeit, die bei gutem Wetter meist im Garten verbracht wird, gemalt haben. Es zeigt ein paar winzige Menschen im großen Kita-Garten vor einem Berg von Spielsachen. Sie erläutert, das Bild drücke den Frust von Kindern aus, die oft als Letzte abgeholt werden und täglich für alle aufräumen müssen. Auch sie finde das ärgerlich. Die Erzieherin schlägt vor, dass alle Kollegen/-innen künftig darauf achten, nicht mehr benötigtes Spielzeug in den Schuppen zu bringen. Zur Erinnerung werde sie das Bild am Schuppen anbringen – eine Idee der Kinder. Auf einer späteren Teambesprechung werde sie dann ein Feedback über den Erfolg geben. Die Ansprache an die Kollegen/-innen und die Bildinhalte werden von anderen Fachkräfte zustimmend kommentiert. Auf einen formalen Beschluss wird verzichtet. Die Erzieherin sieht sich fachlich unterstützt und fühlt sich erleichtert.

Das Team hat sich in den letzten Jahren eine Reihe von Entscheidungsprozeduren erarbeitet. Es gibt Mehrheits- und (durch gute Vorbereitung zentraler konzeptioneller Fragen) Konsensentscheidungen. Gute Erfahrungen hat das Team auch mit „Avantgarde-Entscheidungen" gemacht: Hierbei fasst eine Gruppe von Teammitgliedern einen Beschluss, der nur für sie gilt. So konnte z.B. ausprobiert werden, dass ältere Kinder allein für eine kurze Zeit das Grundstück verlassen dürfen; zu den Gelingensbedingungen gehörte auch, die Eltern vom pädagogischen Sinn zu überzeugen. Ein Avantgarde-Beschluss war notwendig, weil sich die Mehrheit der Teammitglieder vorerst dem Projekt nicht anschloss. Anlass für diese Entwicklung war die Teilnahme zweier Fachkräfte an einer Fortbildung zum Thema „Pädagogik und Aufsichtspflicht", die diesen neue Einsichten eröffnete, von denen sie im Team berichteten.

Von der externen Evaluation wurde diese Vorgehensweise besonders positiv gewürdigt – sowie gegenseitige Hospitationen als Teil der Selbsteva-

luation, wobei auch im Haus „entfernter" arbeitende Fachkräfte in einer Mischung aus kollegialer Beobachtung und Assistenz den pädagogischen Alltag gemeinsam erlebten und anschließend ein Feedback-Gespräch führten.

Die Kita als „lernende Organisation" schafft Möglichkeiten zur Entfaltung und Weiterentwicklung. Eine ihrer Hauptaufgaben ist, Kommunikation (als Voraussetzung für Partizipation) zu ermöglichen und zu organisieren. Im Eingangsbeispiel fordert die Leitung dazu auf, weitere Tagesordnungspunkte zu benennen, und schafft so den organisatorischen Rahmen für individuelle Anliegen.

3.3.9 Die Einrichtung verlassen – Lernen im Nahraum

Es war erst der zweite Arbeitstag des neuen Kita-Leiters: Im Windfang kamen ihm Katja und Patrick entgegen, zwei etwa fünfjährige Kinder, die das Haus verlassen wollten. „Wohin des Weges?", fragte er sie überrascht. „Wir gehen zum Kiosk, um für Angelika die Zeitung zu holen", sagte eines. Seine Verblüffung war groß. Er ließ die Kinder ziehen, sprach aber unmittelbar danach ihre Erzieherin Angelika an.

Die Erzieherin Angelika verwirklichte in ihrer Arbeit eine überzeugende pädagogische Idee der Öffnung zum Umfeld des Kindergartens. Im Gespräch mit ihr waren vor allem zwei Motive zu erkennen: Nichts war für die Kinder reizvoller, als sich außerhalb des Kindergartens zu bewegen. Hier gab es so vieles alleine zu entdecken. –Und der Auftrag, die Zeitung holen zu dürfen, war ein „Top-Job" in der altersgemischten Gruppe, der natürlich den erfahrenen Kindern vorbehalten war. Ein echtes, selbst erworbenes Privileg also: Es lohnte sich in dieser Gruppe, älter und kompetenter zu werden. Die Erzieherin hatte den Eltern ihr Konzept selbstverständlich erörtert.

Der in den letzten Jahren in vielen europäischen Ländern erfolgte Ausbau der öffentlichen Kindertagesbetreuung zielte auf Bildungsgerechtigkeit und arbeitsmarktpolitische Chancengleichheit für Familien mit Kindern, geschah aber nicht aufgrund der Wünsche von Kindern. Er „bedeutet im Kern eine zunehmende Institutionalisierung von Kindheit ... Sie ist erforderlich, weil der Alltag von Erwachsenen so gestaltet ist, dass Kinder darin stören." (Leu 2002, 62) Ein Kindergarten grenzt Kinder aus der Erwachsenenwelt aus. Zumindest in den Städten sind diese kaum ohne pädagogische Begleitung. Der Kinderforscher Jens Qvortrup nennt das „fürsorgliche Belagerung". Wie sehen es die Kinder? Die Erzieherin Regina Delarber hat im Rahmen ihrer Weiterbildung zur „Fachkraft für den Situationsansatz" die Kinder ihrer Kita danach gefragt: „Bei der Auswertung der Fragen zeigte sich, dass von 82 befragten Kindern 53 davon überzeugt waren, mehr außerhalb der Kita erleben zu wollen. ‚Wir möchten gerne öfters über'n Zaun springen, Regina, auch wenn du das nicht hören willst!'" (Delarber 2002, 94). Der geräuschlosen Wegorganisierung setzen Kinder ihre Neugierde entgegen. Wir sollten deshalb dafür sorgen, dass sie am Leben in der Kommune teilhaben können – nicht als gelegentlich auftretende Exoten/-innen, sondern als partizipierende Mitbürgerinnen und Mitbürger. Der Situationsansatz favorisiert ein Lernen in Ernst- und Alltagssituationen. Er verhält sich kritisch gegenüber einer eng gefassten Institutionalisierung von Bildungseinrichtungen.

Spielen und Lernen sind für Kinder synonyme Erfahrungen. Beim Ausflug der Kindergartengruppe gibt es viel zu lernen und zu entdecken: einen freilaufenden Hund (wo kommt der her?), plötzlich ein Unwetter (wie schützen wir uns?), einen toten Vogel am Straßenrand (wo ist jetzt seine Seele?), den Heißhunger auf Eis (und kein Geld!), fremde Menschen, ein verlassenes Haus (eine Räuberhöhle?), es gluckert und blinkt unter dem Gullydeckel (schwimmen da Fische?), eine Mauer, die zum Balancieren einlädt. Übrigens: Kinder gehen nicht spazieren. Sie rennen, hüpfen, springen, laufen rückwärts – nichts ist besser für ihre motorische wie kognitive Entwicklung. Welch ein Unterschied zur Sitzpädagogik in Innenräumen!

Auch heute noch gehören Ausflüge zur Polizei, zur Feuerwehr oder ins Museum zum Standardrepertoire vieler Kindergärten. Doch oft laufen sie so ab, wie sie Roger Prott schildert: „Die Erzieherin plant, bereitet vor, organsiert, terminiert und kontrolliert: den Fahrplan, die Wegstrecke, die Verpflegung, die Zweierreihen und manches mehr. Der Weg zum Zielpunkt wird schnell überbrückt, das Dazwischen ist hinderlich, zum Teil gefährlich und stört … Der Schutz bewahrt die Kinder vor körperlichem Schaden, es soll ihnen ja nichts zustoßen. Der Schutz bewahrt die Kinder häufig ebenfalls vor sozialen Kontakten: Die Kinder sollen ruhig sein im Bus, damit kein anderer gestört wird … Am Zielpunkt des Ausflugs angelangt, schauen sich die Kinder alles an, dürfen vielleicht etwas anfassen und ein paar vorbesprochene Fragen stellen; dann geht es auf dem gleichen Weg und in gleicher Weise zurück in den Kindergarten. Was können Kinder dabei lernen?

1. Die Erzieherin weiß, wo es langgeht. Sie weiß, was gut und interessant ist; zumindest weiß sie, was gut und interessant zu sein hat.
2. Die Erzieherin organisiert alles, regelt alles, nimmt einem alles ab.
3. Erwachsene machen alles; als Kind brauche ich bloß zuzuschauen …"
   (Prott nach Becker-Textor/Textor 1997, 81 f.)

Im Beispiel ermöglicht das „Zeitungsholen" den Kindern eine unverstellte Teilnahme am Alltag, wie sie auch Gerd E. Schäfer fordert: Es sind „die

Erfahrungen des Alltags, welche den größten Teil der Bildungsprozesse ausmachen. Das erfordert eine Neuorientierung des pädagogischen Handelns und Denkens in diesem Altersbereich" (Schäfer 2015 nach Dreyer 2017). Es geht darum, die Impulse, Interessen und Motive des Kindes positiv aufzunehmen und passende, individuelle Hilfestellungen zu geben. Das Kind entscheidet, ob es diese Angebote annimmt. So wird ein kleiner Spaziergang zum demokratischen Lernabenteuer. Die Fachkräfte sollten nicht alles vorab vorbereiten und vor dem Aufbruch mit den Kindern in einen Diskurs gehen: Wo soll es hingehen? Was könnte uns da erwarten? Wozu ist das gut? Wie können wir Kontakt aufnehmen? Wer weiß schon was? Wie kommen wir da hin? Was müssen wir mitnehmen? Was ist, wenn …? Bildung basiert auf Kommunikation. Ausflüge können mit philosophischen Gesprächen beginnen (vgl. Hildebrandt/ Dreyer 2014). Auch ein Perspektivenwechsel ist hilfreich. Für Kinder ist alles neu, anders als für Erwachsene. Durch Wiederholen stellen sie Konstanten und Unterschiede fest. Unendlich oft lässt das Kleinstkind den Ball mit Faszination zu Boden fallen. Immer wieder möchte der Dreijährige die gleiche Geschichte vorgelesen bekommen. Aber den Besuch bei der Feuerwehr – warum gibt es den nur einmal im Jahr?

Im Kontakt mit Kindern können wir feststellen, wie viele Fragen wir uns nicht mehr stellen, obwohl wir die Antworten nicht wissen: Warum ist feuchter Sand dunkler als trockener Sand? Wozu sind Kriege da? Wie entsteht das Leben? Können Hunde träumen? Welches Geräusch macht ein umfallender Baum, wenn niemand ihn hört? Die Öffnung des Kindergartens zum Umfeld ist für alle ein Gewinn: Kinder und Fachkräfte bekommen unendlich viele Erfahrungs- und Lernmöglichkeiten. Und die Gesellschaft entdeckt durch Kinder wieder die Lust auf das Vergnügen des Lernens (vgl. Pesch 2014).

3.3.10 Umgang mit Bildungsprogrammen

Seit vielen Jahren gibt es nun das Bildungsprogramm für die Kitas des Bundeslandes. Die Auseinandersetzung mit dem Programm ist in den letzten Jahren allerdings in der Kita XY etwas in den Hintergrund getreten. In der externen Evaluation, die der Einrichtung eine sehr gute Arbeit bescheinigte, wurde bemängelt, dass in Konzeption und pädagogischem Alltag nicht klar zu erkennen sei, wie sie „Erziehungspartnerschaft gestaltet" (insbesondere mit Migranten/-innen) und mit „Übergangsgestaltung" umgehe.

Als Einstieg in den Teamdiskurs hat eine Gruppe eine Einheit zum Thema „Eingewöhnung" vorbereitet. Die Fachkräfte lesen sich die entsprechenden Passagen aus Bildungsplan und Kita-Konzeption noch einmal durch. Dann tauschen sie sich in Kleingruppen zur Frage aus: „Was können wir tun, um mit Kindern und Eltern den Übergang zu gestalten und Beziehungen aufzubauen?" Ihre Ideen notieren sie auf Moderationskarten. Anschließend werden sie im Plenum vorgetragen, erörtert und an einer Pinnwand unter den Stichworten aus dem Bildungsprogramm zu Themenblöcken zusammengefasst. Den Fachkräften wird klar, dass sie hinsichtlich der unterschiedlichen Familienkulturen, die entsprechende Erwartungen an die Kita nach sich ziehen, noch ein Informationsdefizit haben, das es zu beheben gilt.

Der Situationsansatz hat die kindheitspädagogische Gesetzgebung der letzten Jahrzehnte und die landeseigenen Bildungsprogramme entscheidend mitgeprägt (vgl. Kapitel 1). Kindergärten, die nach dem Situationsansatz arbeiten, haben deshalb keine Probleme, ihre Arbeit in einem positiven Verhältnis zum jeweiligen Bildungsplan zu sehen. Umgekehrt formuliert der Situationsansatz in seinen Prinzipien und pädagogischen Grundsätzen vielfältige Ansprüche, die über die eines Bildungsprogramms hinausgehen können.

Trotz grundsätzlicher Übereinstimmung unterscheiden sich die Bildungsprogramme der einzelnen Bundesländer in Systematik und Umfang: Es gibt umfangreiche Pläne, die sehr detailliert didaktische Hinweise geben (z. B. Bayern), komplexe, systematische Zugänge über die Bildungsbereiche (z. B. Berlin; Rheinland-Pfalz) und knappe normative Beschreibungen der Bildungsgrundlagen in der Kita (z. B. Brandenburg). Alle Bildungspläne sind aber konzeptübergreifend.

Das Team im obigen Beispiel geht selbstbewusst und selbstkritisch mit den Anforderungen des Bildungsprogramms um. Es arbeitet werte- und zielbewusst an einer demokratischen Bildungskonzeption, wobei es den Ist-Stand immer wieder überprüft und weiterentwickelt.

Der Situationsansatz nutzt den Viererschritt Analysieren – Ziele bestimmen – Handeln – Reflektieren (vgl. Kapitel 3.1). Dieses Vorgehen ist auch im obigen Beispiel ablesbar. Die erste Analyse liefert in diesem Fall die externe Evaluation. In der Erörterung des Teams werden über die Texte zum Thema Eingewöhnung dann die Ziele diskutiert. Daraufhin formulieren die Fachkräfte Handlungsideen und entwickeln diese weiter. Eine externe Evaluation ist jedoch eher selten, die Weiterentwicklung von Einrichtungen hängt im Wesentlichen davon ab, inwieweit die Teams zu interner Reflexion bereit und in der Lage sind. Neben Arbeitshilfen einzelner Bundesländer (in Berlin z. B. „Materialien zur internen Evaluation" und „Werkzeugkiste Interne Evaluation") ist das Buch „Qualität im Situationsansatz" (Preissing/Heller (Hrsg.) (2016) empfehlenswert, das neben den konzeptionellen Grundsätzen und dem Theorierahmen auch Evaluationsmethoden erläutert.

3.3.11 Den Situationsansatz in der Kita einführen

Bei der Einführung des Situationsansatzes ist eine Analyse und Erkundung des Ist-Standes erforderlich: Was wissen Sie schon darüber? Was setzen Sie jetzt bereits um? Ein umfassendes Instrument zur Selbstevaluation liefert das Werk „Qualität im Situationsansatz" (Preissing/Heller (Hrsg.) (2016). Die folgenden Vorschläge können Sie einzeln oder in Kombination nutzen.

Besuchen Sie eine Situationsansatz-Kita. Das „Institut für den Situationsansatz" (ISTA; www.situationsansatz.de; Kontakt über quasi@situationsansatz.de) hilft Ihnen, eine authentische Einrichtung zu finden.

Sie können auch einen Studientag als Teamseminar mit einer Referentin oder einem Referenten durchführen. ISTA nennt Ihnen geeignete Personen und hilft bei der Kontaktaufnahme.

Der Arbeitsbereich „Weiterbildung im Situationsansatz" des ISTA (https://situationsansatz.de/weiterbildung-im-ista-wista.html, Kontakt über w.ista@situationsansatz.de) bietet eine modularisierte Weiterbildung zur „Fachkraft für den Situationsansatz" an, die von einer bundesweiten Curriculum-Entwicklungsgruppe evaluiert und fortgeschrieben wird. Ein besonderes Angebot besteht in einem 2,5-tägigen Teamseminar zur Einführung in den Situationsansatz, das eine Hospitation sowie ein Leitungs- und Trägergespräch einschließt.

Eine „spielerische" Einführung in den Situationsansatz bietet das „Diskussionsspiel zum Situationsansatz" aus dem „Methodenbuch zum Situationsansatz" (Kobelt Neuhaus/Pesch 2015). Mit dem Spiel können Sie anhand einer fiktiven Situation das Arbeitsprinzip des Situationsansatzes kennenlernen oder es für die Bearbeitung einer tatsächlichen Situation in Ihrer Einrichtung nutzen.

4 Ein Vormittag in der Einrichtung

Der im Folgenden beschriebene Vormittag in einer Einrichtung beschreibt die Alltagsgestaltung und zahlreiche „Mikroprozesse", weniger jedoch besondere Projekte etc. Die linke Spalte enthält die Schilderung, *die rechte Spalte den pädagogischen erläuternden Kommentar, der die Aufmerksamkeit vor allem auf die „kleinen Dinge" lenkt.*

In der Mitte des Foyers steht ein runder Tisch mit sechs Frühstücksgedecken. Dort frühstücken gerade vier Kinder und eine Erzieherin. Sie reden über die gestrige Geburtstagsfeier eines Mädchens, an dem drei Kinder teilgenommen haben. Ein weiteres Kind, das bisher in der Leseecke ein Bilderbuch durchgeblättert hatte, nimmt am Tisch Platz und packt sein Brot aus. Kurz danach stehen zwei Kinder auf, spülen ihr Geschirr in der Küche ab und decken die freien Plätze wieder ein.

Zwei Fachkräfte sind dafür besonders verantwortlich: Eine von ihnen schafft am Frühstückstisch eine kommunikative Atmosphäre. Die zweite begrüßt ankommende Kinder und deren Eltern, steht für Auskünfte und Informationsaufnahme zur Verfügung.

Um 10.00 Uhr trifft sich eine Gruppe, im Halbkreis auf dem Boden sitzend, vor der Infowand im Gruppenraum. Einige Kinder spielen leise in Hörweite der Versammlung; niemand muss teilnehmen. An der Infowand sind auf bis zu ca. 1 m Höhe zahlreiche Displays angebracht. Darauf sind in Bild und Wort alle Räume und Bildungsorte des Kindergartens zu sehen. Ein paar sind mit roten Magneten markiert; das heißt: heute belegt oder geschlossen. Die meisten Orte sind aber frei zugänglich. Überall hängen Bild- und Namenskarten für jedes Kind. In der „Kinderkonferenz", die heute fast 30 min. dauert und mit leiser Stimme von der Erzieherin (B) anmoderiert wird, wird der Tag organisiert. Ein älteres Kind

Es gibt keine festgelegte „Übergabezeit". Das „gleitende Frühstück" überlässt jedem Kind bis zum Beginn der Kinderkonferenz die Entscheidung, wann es mit wem wie lange frühstücken will. Dies lässt den Kindern viel zeitlichen und sozialen Spielraum und berücksichtigt die unterschiedlichen familialen Zeitarrangements. Das „gleitende Frühstück" ist auch offen für einen gemeinsamen Einkauf der Nahrungsmittel.

Durch die doppelte Begleitung läuft die Frühstückssituation relativ ungestört und kommunikativ ab. Neu eintreffende Kinder und Eltern werden individuell begrüßt. Alle haben Gelegenheit, Erlebnisse und Informationen auszutauschen, ohne andere Aufgaben zu vernachlässigen.

Es geht um Absprachen über ein Programm, das größtenteils aus der Verfolgung persönlicher Interessen besteht (nonformales Lernen). Die gemeinsame Tagesorganisation fördert die Verbundenheit. Die Kinder nehmen freiwillig teil (intrinsische Motivation).

Die Fachkräfte schaffen für die Kinder einen Überblick und Orientierung. Dafür werden Mittel eingesetzt, die die Kinder nach kurzer Zeit zu händeln wissen. Die Namenskarten stehen für die Individualität der Kinder.

Ein älteres Kind übernimmt, unterstützt von der Fachkraft und schriftlichen Hinweisen, die Moderation der Ver-

übernimmt dabei die Aufgabe, die einzelnen Arbeitsschritte durchzuführen; ein laminierter Regiezettel mit Worten und Symbolen hilft ihm dabei.

Zunächst wird gefragt, wer heute da ist; die entsprechenden magnetischen Namenskarten werden am Gruppenraumbild angebracht und von den Kindern durchgezählt. Wochentag und Datum werden benannt und mit einer Zahlenkarte repräsentiert; alle Wochentage hängen als Schriftbild in 7 verschiedenen Farben an der Infowand.

Dann wird überprüft und ggf. neu geklärt, wer heute die Tagesdienste übernimmt, z. B. das Vorbereiten der Obstpause oder das Tischdecken. Für einen Dienst ist heute nur ein Kind von zweien da; der Junge wünscht sich einen Helfer. Das angesprochene Kind nimmt die Einladung an. Beide bringen ihr Bild am Display „Tischdienst" an.

Danach wird besprochen, wer heute woran (weiter-)arbeiten möchte. Zwei Jungen wollen ihre aufwendige Pappkartonburg weiterbauen. Andere Kinder möchten sich erneut mit dem Projekt „Mondrakete" auseinandersetzen.

Das Weltraum-Thema, ursprünglich von der einer Erzieherin angeregt, fasziniert die Kinder; ein Kind erwähnt „schwarze Löcher" und die Frage der Erzieherin, wie diesen auszuweichen wäre, führt alle an den Rand physikalischer Kenntnisse (der Menschheit). Das Gespräch droht, den Zeitrahmen der Versammlung zu sprengen, und wird mit dem Angebot auf eine Vertagung vorerst beendet.

B lädt die fünf jüngsten Kinder ein, nun mit ihr in den Bewegungsraum zu gehen. Sie stecken ihre Namenskarten auf das Display und vereinbaren einen Treffpunkt. Das gesprächsleitende Kind fragt, ob noch jemand aus dem Kreis eine Mitteilung oder Frage hat. Danach ist der Kindertreff beendet.

anstaltung. Das zeigt allen: Hier lohnt es sich, „groß" zu werden, denn damit wachsen die Möglichkeiten der Mitgestaltung.

Soziale Verbundenheit von Individuen ist erlebbar; das Zählen schafft eine Gelegenheit zum nonformalen Lernen. Ähnlich wird auch mit dem Kalender umgegangen. Die farbige Gestaltung gibt auch jüngeren Kindern die Möglichkeit, sich zu orientieren und selbstständig Zusammenhänge mit der Schriftsprache zu finden.

„Dienste" werden freiwillig übernommen, sie werden als Gelegenheit genutzt, Verantwortung zu übernehmen. Das Finden eines Helfers ist ein Moment, der das gewachsene Maß an Verbundenheit in der Gruppe zeigt.

Dass sich die Kinder für eine Fortsetzung ihrer Arbeit (Burgbau) entscheiden können, zeigt die Wertschätzung der Fachkräfte. Hier wird nicht einfach abends abgeräumt; die Kinder bestimmen, wann etwas „fertig" ist.

Das Projekt wird offensichtlich durch das Interesse der Kinder vorangetrieben. Die Fachkraft lässt sich hier auf ein Thema ein, für das auch sie keine Expertin ist. Damit realisiert sie ein wichtiges Moment der Einheit von Inhalt und Form, weil sie sich selbst als Lernende zeigt – und damit ein glaubwürdiges Lernvorbild ist.

Unvorhersehbares sprengt den Zeitrahmen.

Die Erzieherin nimmt Rücksicht auf die geringere Aufmerksamkeitsspanne der jüngeren Kinder.

Dass ein Kind die Runde offiziell beendet, unterstreicht noch einmal das Maß an Partizipation, Bedeutungsgebung und die Delegationsfähigkeit der Fachkraft.

Während die älteren Kinder an ihren Vorhaben weiterarbeiten, treffen sich die fünf Drei- bis Vierjährigen mit der Erzieherin (B) im Bewegungsraum.

Nach einigen Übungen im Sitzkreis erläutert B, was nun folgen soll: Zur Musik sollen die Kinder im Raum herumlaufen und bei Musikstopp möglichst schnell einen höheren Platz aufsuchen. Dazu hat B vorab Rutschen, Podeste und Mattenberge aufgebaut. Die meisten machen begeistert mit, nur ein Junge (J) bleibt in der Raummitte sitzen.

Während die Gruppe immer neue Spiele entwickelt, u. a. mit einem Sitzkreisel, bewegt sich J weiter an den Rand und beobachtet die anderen. Die Erzieherin schiebt ein Rutschauto in seine Nähe, er nutzt es jedoch nicht. Ein anderer Junge (M) nimmt sich das Rutschauto und beginnt, um die herumliegenden Objekte herum zu steuern. B assistiert ihm, indem sie aus Matten und Rollen einen Tunnel baut. Zwei Mädchen greifen das auf und bauen aus Matten eine Höhle. J hüpft auf seiner Matte herum und ruft B zu: „Schau mal!" Er wiederholt das mit einem Purzelbaum: „Schau mal!" B nimmt das wahr und lächelt ihm zu, baut aber zunächst weiter mit am Tunnel.

Nachdem M kurz das Rutschauto verlässt, um den Tunnel zu richten, greift J danach. M aber verteidigt seine Besitzansprüche. Die Erzieherin B fragt J daraufhin, ob er mit ihr auf einer grünen Rolle reiten will. Er nimmt die Einladung an. Das „Reiten", v. a. das seitliche Umkippen, macht beiden Freude.

Ihr Lachen zieht M an, dem B ihren Platz auf der Rolle überlässt. Das Umkipp-Spiel spielen nun die beiden Jungen, zu Anfang noch assistiert von B, bald aber eigenständig. Nach einiger Zeit ist M die „Fallhöhe" zu gering. Er klettert auf einen Kasten und springt von dort auf die Matte. J, kleiner als M, will ebenfalls,

In der nun folgenden Stunde finden alle beteiligten Kinder, meist paarweise, ausfüllende Tätigkeiten. Sie erfahren, welche Möglichkeiten der Bewegungsraum bietet, und entwickeln damit die Qualifikation, den Raum bald auch ohne Aufsicht der Erwachsenen zu nutzen. Heute aber profitieren sie vom sorgfältigen Arrangement der Erzieherin.

Jedes Kind entscheidet, inwieweit es sich auf das gemeinsame Spiel einlässt. So lernt die Fachkraft auch seine Eigenarten und Wege der Kontaktaufnahme kennen. Die Erzieherin „spricht" eine Einladung aus; auch wenn sie nicht unmittelbar vom Zielkind beantwortet wird, signalisiert sie doch Aufmerksamkeit und Zuwendung.

Die Erzieherin reichert das Spiel des Kindes an, ohne es zu dominieren. Ihre Anregungen werden von den Kindern als Erweiterung ihrer Spielideen aufgegriffen.

Die ausgesprochene Einladung wird nun mit Verspätung beantwortet – ein wichtiger Aspekt hinsichtlich der Autonomiegewährung. Aber noch wäre es zu früh für einen direkten Kontakt.

Die Auseinandersetzung zwischen M und J nutzt die Fachkraft, um direkt mit J in Verbindung zu treten. Angesichts der drohenden Niederlage gegen M ergreift er diese für ihn gesichtswahrende Chance – und zieht daraus Vorteile.

Durch die Abgabe ihres Platzes ermöglicht die Erzieherin den beiden vormals rivalisierenden Jungen eine Kooperationsbeziehung. Durch ihr ähnliches Alter sind sie einerseits Rivalen, andererseits aber auch Spielpartner, wie sich in den nun folgenden Szenen eindrucksvoll zeigt.

auf den Kasten klettern, schafft es aber nicht alleine. M und J erproben verschiedene Wege, wie es gehen könnte (seitliches Hochklettern; Hochziehen durch M; Nutzen der Handlöcher). Schließlich verringern sie den Abstand durch übereinandergelegte Matten (eine Idee von M) und nun gelingt es J, den Kasten zu erklimmen.

Während bisher M vor allem die Initiative hatte, kehren sich die Rollen kurz darauf um: J zeigt M eine Rutsche und die Versteckmöglichkeiten darunter. Das Versteck ist allerdings seitlich offen. Die Erzieherin B assistiert den Kindern, indem sie anfängt, eine Decke nach der anderen aufzulegen, bis die Jungen ihr Versteck für perfekt erklären.

Hier entwickelt sich eine faszinierende Spielpartnerschaft zwischen den Jungen, die sie motorisch und geistig fordert und zu einem emotional befriedigenden Ergebnis führt. Beide profitieren: M durch seine zum Erfolg führende technische Intelligenz, J durch die emotionale Anerkennung als Ms Spielpartner und die Mitwirkung an der Problemlösung, die ihn auf „Augenhöhe" mit M bringt. Die Erzieherin hat die Szene aufmerksam beobachtet. Ihr achtsamer Umgang mit Js Blockierungen und Sehnsüchten ermöglicht ihr nun, auch seinen Abgrenzungswünschen zu assistieren: Jetzt allerdings ist J nicht mehr allein!

Jeder Tag bringt vielfältige neue Herausforderungen (vgl. Pesch 2017). Wo sich Fachkräfte auf diese prinzipielle Unvorhersehbarkeit einlassen, schaffen sie weitaus lebendigere Lerngelegenheiten als so manche Bildungseinrichtung mit festgelegtem Curriculum.

Literatur

Andres, Beate; Laewen, Hans-Joachim; Pesch, Ludger (Hrsg.) (2005): Elementare Bildung. Handlungskonzept und Instrumente. Weimar, Berlin: Verlag das netz.

Arbeitsgruppe Vorschulerziehung und Erzieherinnen aus Modellkindergärten in Rheinland-Pfalz und Hessen (1975/1976): Curriculum Soziales Lernen. 28 Didaktische Einheiten. (Erprobungsfassung). München: Kösel Verlag. Nach dem bundesweiten Erprobungsprogramm als überarbeitete Verlagsfassung: Curriculum Soziales Lernen (1981) in 10 Text und 10 Bildbänden. München: Kösel.

Bateson, Gregory (1981): Ökologie des Geistes. Anthropologische, psychologische, biologische und epistemologische Perspektiven. Frankfurt a. M: Suhrkamp.

Becker-Textor, Ingeborg; Textor, Martin R. (1997): Der offene Kindergarten – Vielfalt der Formen. Freiburg: Herder.

Beck-Neckermann, Johannes (2017): Zwischenmenschlich. Resonanz in der pädagogischen Beziehung. In: TPS 7, S. 4–5.

Berliner Kita-Institut für Qualitätsentwicklung (BeKi)/Internationale Akademie Berlin (2016): Projektabschlussbericht: Was heißt hier eigentlich gesund? Und wie können Kinder in ihrem Gesundsein gestärkt werden? Ergebnisse der „Pilot-Wirkungsstudie zur Förderung von Gesundheits- und Bildungszielen für Kinder im Aktionsraum Plus Neukölln Nord" Im Auftrag von Bezirksamt Neukölln von Berlin, Abt. Jugend und Gesundheit – Planungs- und Koordinierungsstelle Gesundheit. [Online:] http://www.beki-qualitaet.de/images/beki/downloads/BerichtGesNN_final.pdf (letzter Zugriff: 6.9.2017).

Boban, Ines; Hinz, Andreas (2004): Gemeinsamer Unterricht im Dialog. Vorstellungen nach 25 Jahren Integrationsentwicklung. Weinheim: Beltz.

Carle, Ursula (2014): Anschlussfähigkeit zwischen Kindergarten und Schule. In: Stamm, M. (Hrsg.): Handbuch Talententwicklung: Theorien, Methoden und Praxis in Psychologie und Pädagogik. Bern: Huber, S. 161–171.

Delarber, Regina (2002): Komm, wir springen über'n Zaun. In: Lipp-Peetz, Christine; Wagner, Irmgard (Hrsg.): Bildungsort und Nachbarschaftszentrum. Hohengehren: Schneider, S. 92–95.

Deutscher Bildungsrat (1970): Empfehlungen der Bildungskommission. Strukturplan für das Bildungswesen. Stuttgart: Ernst Klett.

Deutsches Jugendinstitut (1980): Curriculum Soziales Lernen: Didaktische Einheiten für den Kindergarten. München.

Deutsches Komitee für UNICEF (2016): Zur Situation der Flüchtlingskinder in Deutschland. http://www.b-umf.de/images/zur-situation-der-fluecht-lingskinder-in-deutschland.pdf (letzter Zugriff: 6.9.2017).

Deutsche UNESCO-Kommission e. V. (2014): Inklusion: Leitlinien für die Bildungspolitik. 3. Aufl. Bonn.

Dreyer, Rahel (2017): Kinder zwischen Subjekt- und Objektstellung im Bildungsprozess. In: TPS 7, S. 15.

European Commission (2011): Competence Requirements in Early Childhood Education and Care (CoRe): Final report. Cass school of Education and University of Ghent, Department for social Welfare studies London and University of East London. https://download.ei-ie.org/Docs/WebDepot/CoReResearchDocuments2011.pdf [Stand 2. 1.2017].

Freire, Paolo (1973): Pädagogik der Unterdrückten. Bildung als Praxis zur Freiheit. Reinbek: Rowohlt.

Geisler, Astrid (2016): Abgrund unterm Regenbogen. DIE ZEIT Nr. 28/2016, 30. Juni 2016, auch ZEIT online, 3.5.2016. http://www.zeit.de/gesell-schaft/familie/2016-04/kita-qualitaet-erzieherinnen-uebergriffe-gewalt (letzter Zugriff: 10.9.2017).

Gopnik, Alison; Meltzoff, Andrew; Kuhl, Patricia K. (2001): How Babies Think: The Science of Childhood. London: W&N.

Haberkorn, Rita (2015): Krippen – Lebensräume für die Jüngsten. Berlin: Cornelsen.

Haberkorn, Rita (2009): Der Situationsansatz ist eine Einladung, sich mit Kindern auf das Leben einzulassen. In: Bock, Michael; Sanders, Karin: Kundenorientierung – Partizipation – Respekt. Neue Ansätze in der Sozialarbeit. Wiesbaden: VS.

Hansen, Rüdiger; Knauer, Raingard; Sturzenhecker, Benedikt (2011): Partizipation in Kindertageseinrichtungen. Berlin: Verlag das Netz.

Haug-Schnabel, Gabriele; Bensel, Joachim (2017): Raumgestaltung in der Kita. Kindergarten heute. Praxis kompakt. Freiburg: Herder.

Hessel, Stéphane (2011): Empört euch! Berlin: Ullstein.

Hildebrandt, Frauke (2013): Wie lernen Kinder? Erkenntnisse der amerikanischen Entwicklungspsychologin Alison Gopnik und deren Bedeutung für die frühpädagogische Praxis. In: Betrifft KINDER 10, S. 20–25.

Höhme-Serke, Evelyne; Priebe, Michael; Wenzel, Sascha (Hrsg.) (2012): Mit Kindern Demokratie leben: Handbuch zur Projektentwicklung und Evaluation. Aachen: Shaker-Verlag.

Hüther, Gerald (2005): Wie lernen Kinder? Voraussetzungen für gelingende Bildungsprozesse aus neurobiologischer Sicht. In: Matzen, Jörg (Hrsg.): Die Konstruktion der Welt. Wie Kinder ihre Wirklichkeit entdecken. Bausteine für einen zukunftsfähigen Kindergarten. Baltmannsweiler: Schneider.

Illich, Ivan (2003): Entschulung der Gesellschaft. Eine Streitschrift. Beck'sche Reihe. München. Erstauflage 1972. Zitat gefunden unter http://www.uni-kassel.de/fb1/burow/downloads/4.pdf (letzter Zugriff: 6.9.2017).

Institut für den Situationsansatz/Fachstelle Kinderwelten (Hrsg.) (2016): Inklusion in der Kitapraxis. 4 Bücher im Set. Berlin: wamiki.

Institut für den Situationsansatz/Fachstelle Kinderwelten (Hrsg.) (2004): Vorurteilsbewusste Bildung und Erziehung – Einführung in Ziele und Prinzipien, Berlin. https://situationsansatz.de/Downloads_kiwe.html (letzter Zugriff: 21.9.2017).

Juul, Jasper (2012): Familienberatung: Perspektiven und Prozess. München: Edition Plus.

Keller, Heidi (2017): Kultursensitive Pädagogik. https://www.youtube.com/watch?v=cR5R0tdihDs&t=1158s&utm_source=CleverReach&utm_medium=email&utm_campaign=06-09-2017+AV1+-+1.++Newsletter+September&utm_content=Mailing_11718082 (letzter Zugriff: 6.9.2017).

Kobelt Neuhaus, Daniela (2017): Methodenbuch Inklusion in der frühen Kindheit. Planungsschritte in der Praxis umsetzen. Freiburg: Herder.

Kobelt Neuhaus, Daniela (2012): 40 Jahre Situationsansatz. Ein pädagogisches Konzept und seine Wirkungsgeschichte. In: Kindergarten heute Ausgabe 11_2012, 42. Jahrgang, S. 8–13.

Kobelt Neuhaus, Daniela; Pesch, Ludger (2015): Das Methodenbuch zum Situationsansatz. Planungsschritte in die Praxis umsetzen. Freiburg: Herder.

König, Anke (2007): Dialogisch-entwickelnde Interaktionsprozesse als Ausgangspunkt für die Bildungsarbeit im Kindergarten. In: bildungsforschung, Jg. 4, Nr. 1.

Korczak, Janusz (2008): Wie man ein Kind lieben soll. Göttingen: Vandenhoeck & Ruprecht.

Krug, Marianne (2013): 40 Jahre Situationsansatz. – War's das? http://situationsansatz.de/files/texte%20ista/ista%20pdf/Marianne%20Krug%2040%20Jahre%20SitA.pdf (letzter Zugriff: 6.9.2017).

Laewen, Hans Joachim; Andres, Beate (2002): Forscher, Künstler, Konstrukteure. Werkstattbuch zum Bildungsauftrag von Kindertageseinrichtungen. Weinheim: Beltz.

Leu, Hans Rudolf (2002): Bildungsauftrag und Öffnung der Kita. In: Lipp-Peetz, Christine; Wagner, Irmgard (Hrsg.): Bildungsort und Nachbarschaftszentrum. Hohengehren: Schneider, S. 58–69.

Liebel, Manfred (2007): Wozu Kinderrechte? Grundlagen und Perspektiven. Weinheim, München: Juventa.

Merkel, Johannes (2005): Gebildete Kindheit. Wie die Selbstbildung von Kindern gefördert wird. Handbuch der Bildungsarbeit im Elementarbereich. Bremen: edition lumière.

O'Connor, Katharina (2014): Spiel und Pädagogik im Kindergarten. Eine qualitative Studie zu Einstellungen von Erzieherinnen. DJI – Deutsches Jugendinstitut. München.

Otto, Jürgen H.; Euler, Harald A.; Mandl, Heinz (Hrsg.) (2000): Emotionspsychologie. Ein Handbuch. Weinheim: Julius Beltz.

Pesch, Ludger (2017): Ein guter Alltag ist die Basis jeder kindorientierten Pädagogik. In: Wir. Kindergärten in Südtirol, 24. Jg. 2016/2017, Bozen, S. 18–20.

Pesch, Ludger (2014): Komm, wir springen über'n Zaun! Öffnung des Kindergartens zum Umfeld. In: Wir. Kindergärten in Südtirol, 22. Jahrgang 2014/2015, Bozen, S. 6–9. http://www.kindergartenpaedagogik.de/2312.html (letzter Zugriff: 8.9.2017).

Picht, Georg (1964): Die deutsche Bildungskatastrophe. Analyse und Dokumentation. Freiburg im Breisgau. Auszüge, S. 16–35. http://www.epb.uni-hamburg.de/erzwiss/lohmann/Lehre/Som3/BuG/picht1964.pdf (letzter Zugriff: 10.9.2017).

Preissing, Christa (2012): Verflixte Situation – oder: Was um Himmels willen ist eine Schlüsselsituation? In: Welt des Kindes 2, 14–17.

Preissing, Christa; Heller, Elke (Hrsg.) (2016): Qualität im Situationsansatz. Qualitätskriterien und Materialien für die Qualitätsentwicklung in Kindertageseinrichtungen. Berlin, Düsseldorf, Mannheim: Cornelsen.

Preissing, Christa; Boldaz-Hahn, Stefanie (Hrsg.) (2009): Qualität von Anfang an. Berlin, Düsseldorf, Mannheim: Cornelsen.

Projektgruppe Kindersituationen (1998): Abschlussbericht des Modellprojekts. Unveröffentlichtes Dokument. Berlin.

Ramseger, Jörg; Preissing, Christa; Pesch, Ludger (2009): Berliner Bildungsprogramm für die offene Ganztagsgrundschule. Gestaltungsprinzipien, Aufgabenfelder und Entwicklungsziele. Weimar, Berlin: Verlag das netz.

Ramseger, Jörg; Hoffsommer, Jens (Hrsg.) (2008): ponte. Kindergärten und Grundschulen auf neuen Wegen. Erfahrungen und Ergebnisse aus einem Entwicklungsprogramm. Weimar, Berlin: Verlag das netz.

Remsperger, Regina (2011): Sensitive Responsivität: Zur Qualität pädagogischen Handelns im Kindergarten. Wiesbaden: VS Verlag für Sozialwissenschaften.

Rißmann, Michaela (2015): Lexikon der Kindheitspädagogik. Köln, Kronach: Wolters Kluwer.

Rohnke, Hans-Joachim (2002): Eigenverantwortung als handlungsleitendes Prinzip in der offenen Arbeit. Informationen zu Geschichte und Aktualität der „offenen Arbeit". In: Textor, Martin R. (Hrsg.): Das Kita-Handbuch. http://www.kindergartenpaedagogik.de/928.html (letzter Zugriff: 17.3.2018).

Rommelspacher, Birgit (1995): Dominanzkultur. Texte zu Fremdheit und Macht. Berlin: Orlanda Frauenverlag.

Senatsverwaltung für Bildung, Jugend und Sport (2014): Berliner Bildungsprogramm für Kitas und Kindertagespflege. Aktualisierte Neuauflage. Berlin: Verlag das Netz.

Senge, Peter M. (1990): Die fünfte Disziplin. Kunst und Praxis der lernenden Organisation. Stuttgart: Klett-Cotta.

Siraj-Blatchford, Iram u. a. (2002): Researching Effective Pedagogy in Early Years (REPEY). Research Report Nr. 356.

Spitzer, Manfred (2002): Lernen – Gehirnforschung und die Schule des Lebens. Heidelberg, Wiesbaden: Spektrum Akademischer Verlag.

Sylva, Kathy u. a. (2003): The Effective Provision of Pre-School Education Project. Findings from the Pre-school Period. London: Institute of Education. University London.

United Nations (1948): Allgemeine Erklärung der Menschenrechte. http://www.un.org/depts/german/menschenrechte/aemr.pdf (letzter Zugriff: 6.9.2017).

UN-Kinderrechtskonvention: Text unter www.kinderrechtskonvention.info (letzter Zugriff: 6.9.2017).

Wagner, Petra (2014): Gemeinsam Vielfalt und Fairness erleben. Berlin: Cornelsen.

Wagner, Petra (Hrsg.) (2013): Handbuch Inklusion. Grundlagen vorurteilsbewusster Bildung und Erziehung. Freiburg, Basel, Wien: Herder.

Wagner, Petra (2012): Beitrag für „kinderleicht", Schwerpunktheft Inklusion, Juli 2012. https://www.situationsansatz.de/files/texte%20ista/fachstelle%20kinderwelten/kiwe%20pdf/Wagner%202012%20kinderleicht.pdf (letzter Zugriff: 29.8.2017).

Wolf, Bernhard (Hrsg.) (1999): Der Situationsansatz in der Evaluation. Landau: Verlag Empirische Pädagogik.

Zimmer, Jürgen (2013): Der Situationsansatz wird erwachsen: Vom Kindergarten bis zur Hochschuldidaktik. Ein Dossier mit Thesen, Erläuterungen und Geschichten aus aller Welt. Vortrag am 3.10.2013 auf der Konferenz „Zukunft gestalten", veranstaltet von der Internationalen Akademie (INA) gGmbH und dem Fachbereich Erziehungswissenschaft und Psychologie der Freien Universität Berlin. http://www.juzimmer.de/Der%20Situationsansatz%20wird%20erwachsen%20(Vortrag).pdf (letzter Zugriff: 10.9.2017).

Zimmer; Jürgen (2012a): Das halb beherrschte Chaos. Reportagen, Essays und Porträts aus 50 Jahren, Weimar, Berlin: Verlag das netz.

Zimmer, Jürgen (2012b): Die Erfindung des Situationsansatzes. In: Welt des Kindes 2, S. 10–13.

Videos

Breitel, Heide (2016): PINA SCHAUKELT – Was kleine Kinder brauchen. DVD, 90 Min. Berlin.

Gerwig, Kurt (2015): Pädagogische Konzepte für den Elementarbereich. DVD, 69 Min. Kaufungen, AV1 Pädagogikfilme (mit einem Kapitel über den Situationsansatz). Trailer unter ttps://www.youtube.com/watch?v=zZd6BYVvZNM (letzter Zugriff: 24.9.017)

Gerwig, Kurt (2015): Ein Besuch in der KiTa Burattino. Reportage über ein pädagogisches Juwel. DVD, 61 Min., Kaufungen, AV1 Pädagogikfilme.

Kahl, Reinhard: Der Raum ist der dritte Erzieher. https://www.youtube.com/watch?v=8X3FCyO0Buc (24.9. 2017)